Conversation avec Bruno
sur la mort

Tu aimais la vie,
et tu excellais à la faire aimer.

Edition : Books on Demand,
12/14 rond-Point des Champs-Elysées, 75008 Paris
Impression : BoD - Books on Demand, Norderstedt, Allemagne
ISBN : 9782322185191
Dépôt légal : octobre 2019

À toi, Bruno

Quelques semaines tout juste avant ta mort, tu m'avais demandé comme une faveur, de bien vouloir échanger avec toi par mails au sujet de la mort. Tu avais refusé l'usage du téléphone : " C'est trop dur ", m'avais-tu dit, et je comprends, à ta place je n'aurais pas pu non plus. L'écrit, dans la distance et la solitude, est plus pudique finalement, et évite les débordements affectifs incontrôlables. Tu avais insisté : parler ensemble pas seulement de la mort, mais sans doute surtout de *ta* mort. Tu en sentais l'imminence, je ne peux plus l'ignorer, et donc l'urgence d'un ultime échange entre amis. Que voulais-tu me dire ainsi ? Qu'avais-tu de si important à me confier sur un sujet pareil ? Pourquoi avais-tu besoin d'un vieil ami, géographiquement éloigné, mais personnellement proche.

Entre nous deux, ce sujet-là n'était pas nouveau. Le souvenir me revient de notre première année de fac, quand tu m'emmenais dans la 4L de ton père depuis Haubourdin jusqu'à Annapes. La tragédie familiale venait d'arriver chez toi, elle t'avait marqué à jamais : ton jeune beau-frère s'était fait tuer très peu de temps auparavant dans un accident de voiture tout près de chez vous en partant au travail le matin. Tu me racontais la chose sans broncher, avec une lucidité calme mais implacable qui m'impressionnait et me confirmait le pressentiment immédiat que j'avais eu – comme tout le monde – de ta personnalité puissante et sensible à la fois. Pour moi tu as toujours fait partie de ces gens auprès desquels on sent qu'il ne peut rien vous arriver. Avec le recul, je me demande même si tu n'as pas entrepris des études de philo justement parce que le problème de cette mort, de la mort te taraudait déjà. Pour chercher et trouver la réponse. Pourquoi existe-t-il dans cette vie des événements aussi déchirants ? Et je ne serais pas étonné que pour une part ton rejet des profs et de toute l'organisation scolaire et universitaire ait découlé pour une bonne part de ta déception devant la vanité des réponses de la philosophie traditionnelle.

Cette déception en cache d'ailleurs une autre, peut-être plus pathétique encore pour nous qui avons été élevés et éduqués dans le bain de la croyance et de la pratique religieuse chrétienne. Après tout, nous nous sommes connus au Collège Jeanne d'Arc – rien que le nom de ce pieux établissement en dit long ! – mais le moins qu'on puisse dire, c'est que pour toi comme pour moi, notre christianisme n'y a pas survécu… Du coup, c'est du côté de la pensée laïque qu'il nous fallait chercher ce que la religion ne nous avait pas donné. Problème bien de notre temps d'ailleurs, marque d'une époque bien obligée de prendre acte de la mort de Dieu ou du moins de sa croyance et de ses croyants. Et rebondissement des questions ultimes, désormais sans filet de protection : comment nous qui n'avons plus la consolation religieuse à notre disposition pouvons-nous admettre la mort ? Celle d'un beau-frère, et donc celle de tous ceux qu'on aimait, ou la sienne propre quand on sait qu'elle approche ?

Proches donc, nous l'étions depuis quelque cinquante trois ans, ça n'est pas si fréquent. Nous nous étions connus en classe de première – du moins avant cela, je n'en ai pas de souvenir – où le hasard avait fait de nous des voisins à l'étude vespérale. Nous devions être dans deux classes différentes, mais tous les soirs nous nous retrouvions côte à côte pour cette fameuse " étude ". Souvenir fabuleux ! Jamais je n'ai autant ri qu'à tes côtés. Tu avais la blague inépuisable, et en même temps une gentillesse et une bonhomie profondes. Je ne sais plus si on avait encore le temps de travailler beaucoup, mais au moins aucune conséquence fâcheuse n'a arrêté notre passage en terminale. Là, nous nous sommes retrouvés dans la même classe, mais curieusement nous y sommes restés plus distants : tu faisais plus ou moins partie des gros déconneurs, et moi des plus sages… Mais visiblement les incertitudes professionnelles de notre prof de philo, l'abbé Bleuzé – universellement surnommé Tobie sans que personne n'ait jamais su pourquoi (sans doute : *to be or not to be*, prononcé avec l'accent franchouillard de rigueur) – ont semé secrètement en nos deux seules âmes élues la graine de l'amour de la sagesse. Ou plutôt la vie, pour toi comme pour moi, nous avait réservé des expériences cruelles qui nous poussaient aux questions fondamentales. Le brave Tobie avait juste malaxé un peu le terreau.

C'est donc en fac de Lettres que nous nous sommes retrouvés, inscrits ensemble en première année de licence de philo, et à partir de là pour toute la licence et pour la vie. Nous avons appris alors à travailler – vraiment et ardemment – ensemble, dans ce petit groupe de trois que nous avons vite formé avec Étienne : partages, entraides, solidarités intellectuelles et humaines inaltérables. Tout au long de ma carrière de prof, j'ai répété à mes élèves que les années de fac étaient les meilleures de la vie, mais que pour ne pas se perdre dans l'anonymat universitaire il était hautement précieux d'intégrer un petit groupe de travail permanent. Et c'est vrai que toute ma vie, j'ai pensé, et je pense encore, que c'était grâce à vous deux, Étienne et toi, que j'avais pu décrocher l'agrégation. Tout seul, je n'en serais jamais venu à bout, je vous la dois.

Tu as changé de voie ensuite, l'amitié s'est un peu distendue, mais ne s'est jamais rompue. De loin en loin, nous nous retrouvions, toujours avec le bonheur sous-entendu de nous être quittés la veille. Cette vie-là fut plus qu'une amitié : une fraternité. De celles qui orientent et définissent une existence entière. Sans rupture ni solution de continuité. Par delà les aléas de la vie et les incidents de parcours. Le jour du grand Jugement, je pourrai dire : j'ai été l'ami de Bruno. Pas rien.

Je crains fort qu'à la fin je n'ai pas su t'apporter ce que tu souhaitais vraiment. Je n'ai pas compris. Que si tu voulais me parler de *ta* mort, c'était parce que tu sentais qu'elle était imminente. Ton dernier mail tu me l'as envoyé une heure avant de mourir. Je ne l'ai lu que le lendemain matin, quand je ne savais encore rien. Je réfléchissais à la réponse que j'allais te faire. J'allais te dire que tu déconnais, que tu n'en étais pas là, que tu avais encore des années devant toi. Déphasage complet de ma part. Ton ultime appel à mon écoute, c'était pour me dire que ce que tu craignais le plus en ce moment c'était d'imaginer les tiens, ta femme, tes enfants et tes petits-enfants dans la souffrance de l'abandon. Imaginer ta place vide, c'était " trop triste ", disais-tu, et tu fermais la page en pensant que ton extrême fatigue ne venait que de ta dernière dialyse. Tout toi, en quelques mots : ta bienveillance pour tes proches, non pas une plainte au sujet de tes propres souffrances, pas un apitoiement sur ton sort, mais une pensée fatale, insupportable, pour ce qui attendait les autres. Après plus d'un an de tortures physiques et morales – on peut dire que tu as été servi ! – une angoisse finale qui suffirait à t'honorer à jamais.

Tu fus un sacré bonhomme. Le brave prêtre chargé d'officier tes obsèques a fait ce qu'il a pu pour te rendre hommage, mais manifestement il ne te connaissait pas. Pas le moins du monde. Il t'a enterré très religieusement, et même très humainement, mais à peu près comme si on lui avait confié sans prévenir un inconnu mort au bord du chemin. J'imagine, peut-être à tort, mais je ne le crois pas, que tu ne fréquentais pas beaucoup les églises ni leurs serviteurs. Sans violence ni haine, sans rage ni mépris, mais ta distance te permettait de te chercher et de te trouver ailleurs. Il est vrai que nos années de collège catholique ne nous avaient pas laissé, ni à toi ni à moi, beaucoup de souvenirs d'hommes intelligents épanouis dans leur sacerdoce. Ton bon homéliste ne pouvait même pas le savoir, puisqu'il ne savait rien.

Il ignorait ce que moi je savais depuis longtemps : ton sens de l'humour d'abord, qui m'avait frappé depuis le début et ne s'est jamais démenti. Un humour permanent qui trouvait partout le côté par lequel on pouvait rire des choses et des gens, une bonhomie irrésistible faite toute entière pour être partagée, une sorte de côté rigolard et joyeux, hérité sans doute de ta part flamande, mais jamais dérangeant ni encore moins salace ou vulgaire. Toujours le mot pour rire, mais jamais méchamment ; juste pour le plaisir de rire ensemble. Chez toi cette constante de caractère restait indéfectiblement liée à ta gentillesse et à ta bonté. Une bonté profonde, à l'égard de tout et de tous, même, ce qui m'étonnait au début, à l'égard des individus les plus troubles. Seuls les salopards te répugnaient, ce qui ne contredit pas ce qui précède mais le confirme. Car cette bonté et cette bienveillance alliées à une parfaite absence de crainte vis à vis de qui que ce soit, t'autorisait à accorder ton amitié à tous, si du moins ils n'étaient pas malhonnêtes, même à ceux de nos camarades de collège que ma propre prudence me poussait à éviter.

Tu riais amicalement et gentiment, aussi bien avec les copains timides, discrets, souvent d'origine modeste, souvent aussi travailleurs besogneux sinon doués, qu'avec les autres, arrogants dans leurs apparences, fils à papa, pleins de fric, fainéants comme des nantis assurés de leurs lendemains, parfois même inquiétants. C'est avec le même invariable naturel et la même simplicité inébranlable que tu acceptais la proximité des uns et des autres. Ce qui de toute évidence contresignait enfin la dominante absolue de ton tempérament : la force de caractère. Après tout, tu n'étais pas un fils de riche, et tu travaillais loyalement et efficacement, mais sans le moindre embarras tu ne rechignais nullement à les fréquenter. Il fallait de l'aplomb, et tu n'en manquais pas.

Quand à la fac on s'est mis à travailler ensemble de façon régulière, ce qui m'a frappé durablement, c'est ta solide intelligence. Avec Étienne, nous avons formé un fameux trio pendant nos trois ans de licence, nous retrouvant régulièrement tantôt chez l'un tantôt chez l'autre pour bosser ceci ou cela, au milieu des volutes de fumée de cigarettes qui nous donnaient un air plus intello. Tu excellais à nous rappeler à l'ordre de façon salutaire, car la philosophie précisément fumeuse ne recueillait pas tes faveurs. Ton solide bon sens nous rappelait judicieusement le sens de la Terre, ta volonté inébranlable de ne pas s'en laisser conter nous évitait les mirages des envolées gratuites. Tes fils m'ont confié que, pendant les dernières années de ta vie, tu leur disais quelquefois que je te paraissais le plus intelligent et le plus brillant de nous trois. C'était gentil de ta part, mais c'est faux. J'ai eu la chance d'avoir l'agrégation tout de suite en sortant des études, je n'étais pas encore refroidi. Étienne l'a décrochée des années plus tard, ce qui est un autre exploit, quand on doit travailler au milieu des routines professionnelles et des soucis familiaux courants. Et toi, si tu avais voulu poursuivre aussi, tu l'aurais eue aussi, je n'en doute pas une seconde. Car tu avais déjà décroché les IPES, seul de nous trois, ce qui était loin d'être à la portée de tout le monde. Et ta capacité de travail, ta faculté de compréhension – la vraie, celle qui intègre et refait à son compte le travail d'élaboration, pas celle qui répète et récite comme un perroquet – suffisaient amplement à assurer le résultat final. Ta voie propre te conduisait ailleurs, ce n'est pas douteux, d'autant que tes premières expériences du métier, malgré l'évidence de ta réussite professionnelle auprès de tes élèves (comme tu savais expliquer concrètement les choses abstraites !) t'avaient vite laissé le dégoût des collègues, avec leur puérile mentalité corporatiste et leurs détestables habitudes de fonctionnaires dans le pire sens du terme. Jusqu'au bout du chemin, tu en auras gardé le souvenir impayable de ces crétins d'agrégés que ne saluent que les agrégés en salle des profs, et de tous ces profs planqués incurablement rebelles au moindre fonctionnement au mérite.

Il te fallait d'autres horizons, plus ouverts et plus engageants à la fois. Plus risqué aussi. Tu aimais l'action, et tu ne reculais pas devant les mises en danger. Les défis ne te déplaisaient pas, c'est certain. L'audace, le courage d'entreprendre, la volonté farouche de surmonter les difficultés et de garder le cap dans les tourmentes, répondaient à ton goût d'une existence intensément vécue. Et puis le sens des affaires, le tact particulier dans les négociations, la fermeté dans les décisions. Ce qui, contrairement à l'air du temps et tout à ton exclusif mérite, ne contredisait en rien ton sens de la justice. Entreprendre oui, faire des affaires sans doute, mais jamais au mépris ni au détriment de tes employés. Gagner les challenges, mais avec les autres, pas sans eux ni encore moins contre eux. Sauf les crétins et les crapules. Belle leçon pour notre temps, ignorant de tes scrupules. Preuve : dans ta vie personnelle et familiale, le courage allait de pair avec la générosité. Avoir des enfants, tout le monde en est capable. Mais en adopter un en plus, il fallait le faire. Ta bonté profonde allait jusque là, et ne pouvait se satisfaire de belles intentions. Bien peu l'ont fait. Toi, oui. Et ça n'est pas ton fait si l'expérience a tourné à la catastrophe. Mais c'est encore à l'honneur de ta lucidité de ne pas t'être entêté et d'avoir accepté d'y mettre fin. Pour préserver les tiens de conséquences encore plus cuisantes.

Au cours de toutes ces années, et jusqu'au terme, tes qualités sont restées les mêmes : amitié indéfectible, fidélité des attachements, goût de la vie, sens de l'humour, bonté, bienveillance, intelligence et profondeur. Pour tes défauts, sans doute comme tout le monde, tu en avais. Mais je ne peux en attester, n'ayant forcément jamais eu l'occasion de les expérimenter par moi-même. Je ne retiens que ta solidité de caractère, ta fermeté personnelle, pleine et entière, physique et morale. Je l'ai déjà dit, tu étais de ceux auprès desquels on sentait que rien ne pouvait vous arriver. Ta seule présence se ressentait comme un rempart évident contre toute adversité. Je suis sûr que tes enfants et petits-enfants aimaient par dessus tout à retrouver les mêmes sentiments auprès de toi. Ce calme simple, cette confiance de principe expliquaient naturellement cette joie de vivre dont tu rayonnais, faite de bienveillance sans haine et sans malice.

Comme j'aurais voulu poursuivre avec toi cette correspondance électronique sur la mort, et sur la vie ! Tu en avais besoin, me confiais-tu finalement, pour supporter ensemble le pressentiment de l'imminence de ta mort. De mon côté, j'en avais besoin aussi, j'en ai toujours besoin, vraisemblablement d'une manière moins urgente mais non moins pressante. Curieuse coïncidence de la vie, comme il en est d'autres plantées çà et là aux périodes décisives de nos parcours, que ce retour et ce recours également désiré à la vieille confiance de l'amitié partagée par delà les années et les décennies. Comme il est inévitable, la vie nous aura éloignés depuis nos années d'études communes, mais ne nous a pas empêchés de ressentir vers le terme du voyage le besoin d'échanger sur les questions les plus tenaces qui nous travaillent tous. Questions que la vie remet prudemment de côté habituellement jusqu'au moment où on ne peut plus les éviter. Questions encore qu'une étonnante pudeur nous retient d'évoquer trop pesamment au cœur même de nos familles. Questions par excellence réservées à l'éloignement géographique comme autre face d'une proximité sans faille, spécifique de l'apparentement spirituel propre à l'amitié de toute une vie. Aujourd'hui j'ai 69 ans, tu en avais 71, nous avons été amis pendant 53 ans. Une durée supérieure à celle pendant laquelle j'ai connu mes parents. Les seuls à pouvoir dépasser un tel score sont mes frères et sœurs, évidemment. Comme eux, tu me restes attaché : vieil ami, vieux frère.

Le besoin dont je parlais, je l'ai toujours. Peut-être même encore plus qu'avant. J'aurais tellement voulu te confier mes propres doutes, mes questions, mes craintes, en réponse aux tiens. J'aurais tellement aimé profiter encore de ta sérénité devant la vie, de ton courage aussi, et de la lucidité et de ton bon sens inoublié. C'est sûrement pourquoi, avec ta pensée au fond du cœur, je voudrais continuer. Reprendre le fil de nos discussions à peine ébauchées, et les mener, sans hâte, là où elles voudront bien aller.

Une dernière chose : en relisant ce passage après avoir mis les textes que tu as laissés en ordre pour la publication, je m'aperçois que mon souvenir mérite d'être infléchi, au moins en partie. La sérénité qui me touchait tant en toi, n'était, je le crois maintenant, qu'une façade, ou plutôt qu'une face de toi-même. Car elle cachait encore, sans l'étouffer toutefois, une angoisse continue qui a bien dû te tarauder tout au long de ta vie. Tes derniers textes, d'usage privé, l'attestent avec certitude : la peur de la mort, surtout la peur des conséquences de la mort sur les tiens, te tenaillaient depuis plus longtemps que ce que tu voulais bien en laisser transparaître. L'effroi te minait de façon pathétique à la fin. Et cet effroi, tu l'avais toujours eu avec toi. Pour preuve, tous tes écrits, dans lesquels, depuis ta jeunesse, le thème revient constamment, presque obsessionnellement, de l'incompréhension devant la nécessité absurde de la mort, notamment et surtout celle de la mort des enfants ou des jeunes dans la pleine force de leur âge. Et cela, très vraisemblablement, depuis ta propre jeunesse, du moins pour ce que j'en sais, et le décès accidentel de ton beau-frère. Je suis sûr maintenant que cette pensée ne t'a jamais quitté, et qu'elle a orienté ta vie d'une manière décisive et fondamentale, même si presque personne ne pouvait s'en douter. Car ta jovialité cachait ces choses trop douloureuses pour être oubliées. Je devinais sans doute un peu ta profondeur, même si je reconnais n'en avoir pas pris ouvertement conscience assez tôt. C'est la vie, dit-on : les gens les plus prompts à plaisanter de tout n'ignorent pas les grandes souffrances. Bruno, mon ami, mon frère.

La vieillesse

Avant de mourir, il faut vieillir. Grande découverte ! Et les platitudes accourent aussitôt. D'abord pour faire remarquer que, dès qu'on est né, on commence à vieillir. Comme disait le grand pontife Heidegger, dès qu'on est né, on est assez vieux pour mourir. Platitude n'est pas fausseté. Il est même évident que le présent poncif est d'une vérité sans défaut, ni exception. Mais c'est tellement plat que le répéter n'avance pas à grand-chose. D'un autre côté, on peut soutenir, comme le faisait Étienne Borne, que toute mort est prématurée. Même celle du vieillard, qui interrompt un présent qui aurait pu encore ouvrir sur un avenir novateur et inédit. En partie au moins, cela n'est pas faux, et justifie quelque peu les élucubrations, pas forcément irréalistes, des scientifiques qui espèrent encore repousser les frontières du grand départ grâce aux dernière découvertes de leurs sciences de toutes sortes : 100 ans ne constitue plus un terme inaccessible, 110, 120 c'est encore mieux. Il y a une quarantaine d'années, les biologistes prophétisaient volontiers que la vie humaine était génétiquement programmée pour 130 ans. Sans jamais expliquer d'ailleurs les raisons qui leur autorisaient un tel décret. Après tout, depuis longtemps, Descartes avait déjà cru pouvoir scientifiquement repousser l'échéance pour lui-même jusqu'à 500 ou 600 ans. Et je ne sais plus quel professeur éclairé faisait récemment une tournée mondiale triomphale pour proclamer à tous ses publics qu'ils vivraient bientôt tous jusqu'à 900 ans. Mais, je le demande, une fois si bien partis, pourquoi s'arrêter là ? On en reparlera, car l'affaire n'est pas claire.

En attendant d'avoir encore bien plus à faire, il faut d'abord accorder une place aux vieux dans nos sociétés. Aujourd'hui on vieillit avec en tête le bon vieux mythe de l'Ancienneté. L'âge, surtout s'il est grand, confère ou consacre la Sagesse. Sinon la connaissance en toutes choses – qui pourrait encore y croire ? –, du moins l'expérience : si jeunesse savait !… Les vieux, eux, savent. Quand on croyait encore à cela, le vieillard – mais curieusement pas la vieillarde ! La sagesse aurait-elle un genre ? – était respecté pour son savoir, et traité en conséquence. On lui réservait la première place dans la tribu ou dans la cité, celle des chefs, ou à tout le moins des conseillers éclairés. Et jusqu'à peu, il arrivait qu'on l'écoutât, et en tout cas on s'occupait de lui au sein de sa famille, afin de mieux accompagner la faiblesse de ses derniers jours.

Aujourd'hui les vieux dérangent. Leurs fils et leurs filles travaillent, leurs conjoints aussi. Tout le monde est occupé. Personne ne peut plus s'encombrer d'eux. Alors on les confie à des établissements spécialisés, pour avoir la conscience tranquille. Au moins là, pense-t-on, ils sont bien suivis et soignés, il ne peut rien leur arriver. Plus rien que la mort. Et ils le savent. On les a mis là pour qu'ils meurent sans trop tarder – de toute façon bien plus vite que s'ils étaient restés chez eux – ni encore moins déranger. Alors ils meurent, vite, pour que tout le monde soit tranquille. Bien sûr, on n'oserait plus désormais réclamer qu'ils soient pris en charge par leurs familles. L'allongement de la vie, dans des conditions quelquefois désastreuses, rend effectivement leur poids insupportable, et les conditions actuelles du travail – qui, soit dit en passant, provoquent tellement de problèmes insolubles à la société – n'arrangent rien. Rien de plus pathétique, ni de plus cruel, que le parkage contemporain des vieux dans ces anti-chambres de la mort. Version dorée des camps d'extermination, heureusement réservée aux vieux de nos jours. Sort tragique néanmoins, qui ne promet guère de s'améliorer avec l'accroissement considérable du nombre des vieillards dans nos sociétés de nantis. Si encore on avait assez de courage pour les laisser mourir chez eux dans leurs murs et dans leurs souvenirs !

Vieillir, c'est avant tout avoir le sentiment de ne plus servir à rien. Universelle évidence qui fait tellement peur bien avant la vieillesse. Acte premier de ce vieillissement annoncé : la retraite. Paradoxe de notre temps, mais non forcément de tous les temps : on passe sa vie laborieuse à désirer sa retraite, tant qu'elle est éloignée, comme la promesse d'un paradis terrestre bien mérité et de loisir chèrement gagné par une vie de labeur. Mais quand elle approche, panique ! Que va-t-on faire de tout ce temps libre ? Qu'est-ce qu'on va devenir quand on n'aura plus rien à faire ? Pire : socialement on perdra son costume attitré, on était officiellement ceci ou cela, ostensiblement estampillé de la charge de telle ou telle fonction plus ou moins honorifique. Une fois en retraite, on n'est plus rien socialement parlant. On avait " des relations ", on les perd, ce qui trahit rétrospectivement qu'elles n'étaient fondées que sur des enjeux de pouvoir, si limités qu'ils aient été, et des questions d'influence. Du jour au lendemain, plus rien. Ceux qui travaillent encore, et qui pourraient profiter de nos secours au grand jour ou en catimini, savent qu'on ne peut plus rien pour eux et se détournent. Ceux qui restent, par définition, avoueront vite qu'ils sont dans la même situation que nous, et que leur lot, comme le nôtre, se résume désormais à la seule et radicale impuissance. Les leviers de la société nous échappent, et la considération fondée sur la place que nous occupions dans la hiérarchie sociétale s'évanouit. Pour toujours. Nos titres, nos grades, nos insignes sociaux nous ont été retirés. Une première mort, en somme : celle qui frappe tout le monde et met tout le monde à égalité. Un peu comme la Grande Faucheuse des danses macabres des XIVe et XVe siècles qui entraînait dans sa sarabande les rois, les évêques et les gueux sans distinction dans l'effacement sans retour de leurs dignités du passé. Bien sûr, les pensions de retraite sont loin d'être les mêmes pour tous, cette égalisation-là n'est pas pour demain. Évidence bien regrettable, qui ouvre un éventail de possibilités scandaleusement inégalitaires. N'empêche, l'image sociale rattrape l'injustice, en s'effaçant pour tous, indifféremment.

L'autre solitude, endémique, due à l'âge lui-même, est la solitude affective, ou plus généralement humaine. Banalité : plus on vieillit, plus nombreux sont ceux qu'on perd. Les enfants, quand il y en a, sont grands et autonomes, donc partis, quelquefois loin ou très loin géographiquement parlant, et même de plus en plus souvent affectivement parlant. Les petits-enfants ont autre chose à faire dès qu'ils grandissent assez pour ne plus être très impressionnés par ces vieillards d'un autre temps dont ils ne savent rien. Quant aux arrière-petits-enfants, il faut être bien naïf pour s'imaginer qu'on pourrait leur manquer un seul jour. De leur côté, les amis, quand on a la chance d'en avoir, si précieux pour l'enrichissement et le réconfort mutuels, s'éloignent souvent, eux aussi. Soit qu'ils partent à la recherche de lieux plus cléments pour agrémenter leurs vieux jours, soit plus prosaïquement qu'ils meurent, emportés les premiers par l'épuisement ou la maladie. Ceux qui restent, restent seuls. De plus en plus seuls. Saint-Exupéry le disait à d'autres propos : le plus dur, c'est pour ceux qui restent. Le grand âge, et aujourd'hui le très grand âge, ont ceci de terrifiant : plus vous vieillissez, plus vous échappez à toutes les causes possibles de mort, et plus le monde se fait rare autour de vous. Question qu'il faut bien finir par se poser : doit-on vraiment envier le sort de tous ces centenaires dont on nous promet la généralisation ?

Seuls et inutiles. Inutiles socialement. La société ne vous demande plus rien, ses rouages tournent sans vous. Elle se contente de vous accepter sur sa marge, c'est toute la mansuétude dont elle est capable. Tout au long de votre vie laborieuse, vous avez gagné votre droit à la retraite, pas celui à la reconnaissance, encore moins celui à l'écoute. Ce qui ne manque pas de surprendre d'ailleurs. Par définition celui a beaucoup vécu a accumulé autant d'expérience, son avis pourrait éclairer à point nommé les incertitudes du présent. Je suis souvent effaré du nombre extravagant des *think tanks* (comme cela est bien dit ! des réservoirs de pensée, rien que ça ! on aurait dû y songer plus tôt, mais sans doute n'avait-on pas assez de réservoirs) florissant çà et là. Et pas un seul réunissant des anciens qui seraient pourtant, de par toutes les raisons du monde, les mieux armés pour réfléchir et donner des avis fondés sur ce qui est à faire et à ne pas faire. Et par dessus tout, des avis désintéressés, donc d'autant plus fiables, puisque n'étant plus partie prenante dans les affaires du travail social. Mais non, notre société de blancs becs préfère s'abandonner aux avis les plus infondés, ceux qui émanent de gens qui ne savent souvent pas de quoi ils parlent et qui de plus attendent en retour les émoluments que vous leur avez promis. C'est assez dire les lumières que vous allez en recevoir !

Pour couronner le tout, il est bien connu que la vieillesse est le temps du naufrage. C'est-à-dire de la façon la plus visible de toutes, le temps de la perte des moyens. Y compris quand la santé perdure, les forces déclinent peu à peu ou brutalement, c'est selon. Forces physiques, c'est l'évidence. Forces mentales aussi, même en l'absence de maladies dégénératives. Endurance en baisse sensible, on sait encore faire ceci ou cela, réaliser des travaux et soutenir des efforts musculaires et cardiaques. Mais on fatigue plus vite. Comme me confiait une fois Nicolaï Gedda au téléphone : " J'ai encore ma voix, mais c'est la résistance musculaire qui me fait maintenant défaut ". Il avait 80 ans passés. Mentalement, malgré tous les efforts qu'on peut faire pour continuer de s'intéresser, de lire, d'apprendre, de parler en public, décrire aussi et tout ce qu'on voudra, l'agilité mentale s'ankylose, la vivacité d'esprit, la vitesse de compréhension, l'aisance des enchaînements, tout ça a tendance à se gripper, qu'on le veuille ou non. Je repense souvent à ces vieillards alertes qui, à 80 ou 90 ans, montrent l'exemple enviable d'une pensée encore lucide et d'une intelligence éveillée : papa était de ceux-là, Jacques Brunet et René Maubon aussi, aux côtés des Stéphane Hessel et Jean d'Ormesson. N'empêche, la mémoire, même obstinément entretenue, défaille de plus en plus souvent, et la menace du gâtisme pèse de plus en plus lourd. Et à côté d'eux, la menace terrifie, de ces intelligences brillantes soudain terrassées. Qu'on pense à l'effondrement d'un

Nietzsche, pourtant pas d'une vieillesse extrême, qui dans ses dernières années, ne reconnaissait même plus ses propres livres, si pleins de courage et de lumière. Quelle tragédie d'assister, même de loin, à l'effacement d'une intelligence aussi vive que celle d'un Pierre Roubinet !

Le tragique de tout ça, c'est encore qu'au delà de l'épuisement progressif des forces et des capacités, on sent s'insinuer peu à peu le spectre de la perte d'identité. De deux façons : ou bien dans les cas extrêmes, par perte plus ou moins rapide et profonde de la conscience de soi. Cas exemplaire et pathétique encore une fois de ce Nietzsche qui ne sait plus où il habite ni même qui il est. Ou bien de façon bien plus banale, par la dépossession engagée par le regard des autres, notamment dans la situation hospitalière. Quand on y arrive, non seulement on abandonne ses vêtements coutumiers, ceux qui permettaient de vous reconnaître, mais on se dépouille en même temps de son identité sociale et psychique. On n'est plus ni Monsieur le Président, ni Monsieur le Directeur, ni plus sobrement Monsieur le professeur, ni même seulement Monsieur Untel, mais presque toujours rien de plus que Monsieur. Et encore ! Dans le meilleur des cas. Un anonyme, un numéro. Cela est bien connu. Ça existe. Pour un peu, sur ce point innocent, les modes de notre société de promotion, de consommation et de marketing ne manquent pas de sel, ni même dans un certain nombre de cas, de soude un tantinet caustique. Tant que vous êtes un acheteur potentiel, les règles de la vente efficace poussent votre interlocuteur à vous appeler carrément par votre patronyme, même quand il ne vous connaît pas le moins du monde. Il lui arrivera même de vous serrer la main en vous saluant affablement en tant que Monsieur Untel, nommément apostrophé, comme s'il retrouvait un vieil ami, absenté de la veille. Inversement, dès que vous ne pouvez plus devenir client et qu'il vous faut vous présenter comme simple patient dont on n'attend plus rien que des tracas professionnels, on oublie votre nom propre et vous résume à l'aridité d'un nom plus que commun et interchangeable. Il est vrai que le monde est peuplé de gens irremplaçables. Mais il y en a tellement qu'on peut bien les oublier tout de suite.

Pour achever le tableau, il faudrait encore ne pas oublier la réduction des perspectives laissées au vieillard, pour ne pas dire leur suppression. On dit souvent, et c'est très vrai, qu'on a l'âge non seulement de ses artères, mais plus encore de ses projets. Il n'est pas très utile d'insister sur l'âge des artères et des articulations. Tant qu'on a la chance de ne pas trop en souffrir, tout va bien, c'est une évidence. Pour les projets, c'est plus délicat. Les perspectives d'avenir sont primordiales. Elles orientent la volonté de vivre, et donc celle de faire, qui va avec elle. J'admire tous ceux et toutes celles qui osent encore se lancer à la poursuite de buts qui occupent leurs esprits et leurs temps. Et tant pis si cette volonté tourne quelquefois à la frénésie. Au moins maintient-elle l'élan vital dans une orientation d'avenir, qui en retour le soutient et l'écarte du renoncement. Avenir évidemment raccourci, perspective souvent écourtée. La procrastination n'est plus de mise, question de simple prudence. Vérité à ne pas négliger : avoir envie, c'est être en vie. Encore et malgré. Inversement il est trop clair que renoncer à tout projet qui mette en jeu la perspective des ans, des mois et même des jours, c'est se soumettre à la tentation d'arrêter. Par épuisement de l'effort consubstantiel à toute volonté d'autre chose qu'on ne connaissait pas encore, qu'on n'avait pas encore, qu'on n'était pas encore. Dernier choix : je veux le " pas encore ", ou je me résigne au " plus jamais ". " Arrête ", dit Faust à Méphisto par épuisement de sa volonté de vivre, juste avant de se laisser engloutir. Le drame de la vieillesse. Le plus grand nombre de suicides se compte parmi les vieux. Qui leur en voudrait ? Quand Berlioz concluait ses *Mémoires* par un aveu particulièrement inhabituel chez un homme aussi combatif : " Je suis las de la sottise et de la méchanceté des hommes... ", il ne pouvait plus éviter la chute : " à toute heure, je dis à la mort : quand tu voudras... " Et ce diable d'homme repart presque aussitôt vers un nouveau but qui recollecte ses dernières forces sur le fil. Quelques mois plus tard, l'élan retombe. Mais Berlioz ne dit ni n'écrit plus rien. Il s'efface.

Tableau bien sombre, qui pourtant ne parle ni de la maladie ni de la souffrance qui y est attelée.

Inutile socialement, et inutile familialement. Les enfants ont quitté le foyer parental, ils vivent leurs vies de façon autonome. C'était même le but et le sens de l'éducation assurés par les parents encore jeunes : aider leurs enfants, par nature dépendants de tous les adultes déjà là, psychologiquement, physiquement, affectivement, intellectuellement, et, nerf de la guerre et de la survie, économiquement, à conquérir progressivement leur autonomie dans tous ces domaines. Quand les parents sont vieux, leur tâche de parents est accomplie. Bien ou mal, mais achevée. Les enfants, devenus adultes à leur tour plus ou moins grâce à eux, se passent d'eux désormais, de plus en plus et de mieux en mieux, du moins on doit l'espérer, dans toutes les circonstances et les occurrences de la vie. A rebours évidemment, les parents ne leur servent plus à grand-chose, sinon occasionnellement pour prêter de l'argent quand il en faut, ou garder les enfants quand il y en a. Pour l'essentiel, tout va bien quand les couples peuvent vieillir ensemble, à la fois pour compter l'un sur l'autre sans déranger de tiers, et pour se sentir encore utile à l'autre par la même raison inversée. Mais après, à mesure que la vieillesse étend ses ravages, que reste-t-il, sinon l'inversion de toute utilité et son renversement dans son contraire ? Pas seulement l'inutilité encore neutre, mais la charge, le poids – déjà mort – laissé aux générations qui suivent. Et qui se hâtent de s'en délester au profit des établissements officiellement spécialisés, soit dans le soin aux personnes âgées, soit dans l'accélération de la pente thanatogène. Selon le degré de leur conscience professionnelle et leurs statuts, publics ou privés.

C'est la mode de notre temps : les jeunes – pas tous – ne s'occupent plus de leurs aînés, puisque homme et femme travaillent, ce qui est bien, ou sont également au chômage, ce qui est nettement moins bien. Mais c'est ainsi. Que les vieux se débrouillent, surtout pour ne pas mourir trop vieux ! En quoi on ne peut en vouloir à personne – il y a trop de vieux, trop vieux – sinon il faudrait en vouloir à tout le monde. D'autant que notre société de consommation a tendance à faire de même avec les enfants : une charge inutile aux parents actuels, à transférer aux spécialistes payés pour, crèches ou écoles. Les jeunes parents n'ont pas le temps – ni surtout l'envie de se gâcher la vie – pour leurs propres rejetons. Avatar inquiétant du chacun pour soi. Contrebalancé d'autant plus impitoyablement par le recours à la justice dès qu'un professionnel a nui, volontairement ou pas, à ces enfants dont ils n'ont pas voulu s'occuper eux-mêmes. Classique déni de responsabilités avec lavage de conscience à la clé.

Sombre tableau en vérité. Et pourtant beaucoup moins original qu'il ne semble souvent. Car à y réfléchir un peu, il n'est rien d'autre que le raccourci de la vie entière. La vieillesse, finalement, en dehors de l'amoindrissement des capacités de toutes sortes, n'apparaît pas comme une période exceptionnelle de la vie. Elle ne se définit pas vraiment par des caractéristiques propres et réservées. Elle est plutôt un condensé, une miniature de l'existence intégrale, avec les mêmes traits dominants, seulement pressés sinon compressés, par l'imminence du terme. On a déjà dit, puisque c'est le point le plus connu et le plus évident qu'on relève habituellement de manière isolée, que les perspectives des vieux sont fatalement abrégées, raccourcies, bousculées par l'escompte inéluctable de la fin. Quand on est vieux, la nouveauté, finalement rien qu'apparente, c'est qu'on n'a plus le temps, qu'il faut se hâter de faire ce qu'on veut faire, et qu'en conséquence la fameuse procrastination à la mode de nos jours présents, relève de la plus inconséquente imprudence. Le vieux conseil des Trappistes : " Frère ! Souviens-toi qu'il faut mourir ! " laisse toujours entendre son inévitable contre-point, hédoniste ou pas : *Carpe diem…* Être vieux c'est n'avoir plus le temps d'attendre. Évidence existentielle. Mais curieusement, même si on redouble d'effort pour ne pas trop en prendre conscience, cela n'est pas une expérience inédite, c'est une reprise, un retour, un ressouvenir peut-être, de cette période enfantine de l'exigence impérieuse que l'adulte appelle parfois trop vite un caprice. Le besoin, le désir, qui ne peut pas attendre. De part et d'autre de la vie. Le vieillard redevenu enfant, vieux mythe de Faust rajeuni ?

Mais surtout, naïveté des hommes, et niaiserie aussi. Car cette exigence qui sait le risque d'attendre court tout au long de la vie, sans solution de continuité. Ça n'est guère étonnant si finalement le vieux ressemble au nourrisson, car l'un et l'autre ne différent que bien peu de l'homme mûr. Encore une banalité : l'enfant, l'adolescent, le jeune, l'adulte, le vieux ont tous le même destin temporel, et temporaire. Comme pour tous les vivants, à quelque stade qu'ils se situent sur leur propre parcours, la fin de la vie est inscrite dans le fait même de vivre. Les philosophes du XXe siècle ont cru faire une grande découverte, rendue possible pour l'essentiel par la mort des religions : dès qu'il est né, un homme est assez vieux pour mourir. Et même dès qu'il a été conçu. Ou la découverte de l'eau chaude ! La différence, sans doute seulement relative, entre l'homme et les animaux ou les végétaux, étant la conscience de cette mort, ou plutôt de cette mortalité. Bien avant Malraux, Platon l'avait déjà constaté, l'homme est le seul animal qui sait qu'il va mourir. Ce qui ne fait pas seulement référence au sentiment, souvent panique, de l'imminence de la mort au moment où la vie est en train de s'éteindre, mais bien plus à la conscience perspective que de toute façon la vie va cesser un jour, même si aujourd'hui que j'y pense, tout va très bien pour moi. Ce qui contresigne la spécificité de notre condition d'animal intelligent et parlant. Quel que soit notre âge, nous *savons* – et pas seulement nous sentons – que nous n'avons pas un temps indéfini devant nous. Et qu'en conséquence, ce qui compte vraiment dans la vie de chacun d'entre nous, ne doit jamais être laissé trop longtemps en attente. Ce qui sans doute explique *tous* nos choix fondamentaux, de près ou de loin, toutes nos décisions, précisément vitales, justes ou déphasées, bonnes ou catastrophiques, fondées ou aberrantes. Ce que nos petites modes d'aujourd'hui appellent nos choix de vie. C'est même la perspective connue de cette limite inhérente à notre existence qui nous place devant la nécessité de choisir et de décider. À l'envers, un être assuré de son éternité pourrait, non seulement remettre toutes ses décisions à demain ou après-demain, mais encore les renvoyer à jamais aux calendes grecques. Ceci, soit dit en passant, suffit à invalider d'un coup toute hypothèse religieuse : un Dieu aurait tout le temps de se décider à créer le monde et tout ce qui va avec, et donc il ne le créerait jamais.

En somme, urgence oui, mais pas fondamentalement différente de celle de tous les autres. Seulement plus visible. Du moins, bien sûr, tant que l'individu, jeune, vieux ou très vieux, conserve assez d'énergie pour attendre encore quelque chose de la vie. Quant au sentiment d'inutilité qui précisément menace toujours plus ou moins cette énergie elle-même, un peu de réflexion suffit à faire reconnaître une nouvelle fois que cette expérience est moins originale qu'on ne pense habituellement. Certes la vieillesse dispose les choses de la vie de manière à faire croire qu'on ne sert plus à grand-chose ni à grand monde, mais honnêtement, en est-il bien différemment dans la vie qui la précède ? À quoi sert vraiment un adulte qui fait des enfants *pour qu*'ils le quittent, l'abandonnent, et parfois même le renient ? Des enfants qui, comme lui avant eux, endossent un costume social plus ou moins prestigieux, deviennent un rouage destiné à faire fonctionner et durer un système dont ils ne sont pas plus que lui les auteurs ? Les questions dérangeantes ne manquent pas pourtant : s'ils n'étaient pas là, tous autant qu'ils sont ou qu'ils furent, la machine sociale, politique et économique s'arrêterait-elle ? Ne seraient-ils pas remplacés aussitôt par les premiers venus ? Pire : leur collaboration ne contribue-t-elle pas souvent, sinon toujours, à perpétuer un système qui ferait aussi bien de disparaître ? Se consolera-t-on en s'imaginant qu'à tout le moins on participera à le rendre un peu meilleur, ou du moins moins mauvais ? On le sait bien pourtant : surtout au point de vue professionnel, le monde du travail est peuplé de gens irremplaçables mais vite remplacés. Y a-t-il vraiment une différence de nature dans cette question obsédante qui menace indifféremment tous les âges de la vie : à quoi bon ? À quoi sert un nouveau-né ? Un ado ? Un adulte ? Etc. Peut-être d'ailleurs est-ce la question elle-même, dont la seule position est si désespérante, qui nous égare *tous*. Peut-être est-elle déplacée, et finalement vide de sens… pour tous, et non pour certains en particulier. On va en reparler.

Illusions d'aujourd'hui,

et de toujours

Nietzsche l'avait déjà dit durement : " il est indécent d'être chrétien aujourd'hui ". Sous-entendu : il y a des choses que désormais on sait, et qui rendent la foi purement et simplement impossible. *Credo quia absurdus*, avait-il ajouté.

Relativement à la mort, ou plutôt à la mortalité, à notre condition d'êtres nécessairement mortels, nous n'avons pourtant pas fait beaucoup de progrès depuis la fin du XIXe siècle. Quand ça nous arrange, nous sommes toujours prêts à croire n'importe quoi. Dernière incongruité, mise sur le marché de la bêtise humaine par certains scientifiques eux-mêmes, la promesse, presque la prévision, d'un accroissement substantiel de la longévité. Une base statistique indiscutable : depuis surtout quelque cent ans, dans les sociétés privilégiées et riches l'espérance de vie s'est considérablement élevée. Tout le monde le sait, et le vit. Conséquence longtemps imprévue : la proportion de vieux finit par donner le vertige, d'autant que le renouvellement par les naissances baisse conjointement. Certes, depuis quelques années, il nous faut tempérer nos enthousiasmes, l'espérance de vie bizarrement a tendance à stagner sinon même à régresser légèrement. N'empêche, la raison invoquée ne varie pas : c'est la science – à savoir la médecine et la biologie – qui est responsable de cette amélioration sensible, confortant l'humanité dans sa volonté naturelle de vivre toujours. Il faut moduler quand même le péan officiel de deux ou trois bémols. Le premier, c'est que le sentiment du bonheur général n'a pas suivi et a même souvent diminué. On vit plus vieux, mais souvent moins heureux. Alors que depuis Descartes au moins, on s'était un peu vite persuadé que le principal obstacle au bonheur se nichait dans la désespérance de la proximité de la mort. Descartes avait pourtant gentiment pensé que sa science nouvelle permettrait en même temps de reculer l'échéance et d'accroître le bonheur universel. Cette science-là, encore souvent la nôtre, promettait de " nous rendre comme maîtres et possesseurs de la nature ". En l'occurrence, de *notre* nature, corporelle, mortelle et souffrante. Le second bémol oblige à rappeler que l'accroissement de l'espérance de vie a d'abord été rendu possible par la généralisation de l'hygiène, plus encore que par la médecine proprement curative. On ne peut nier les progrès médicaux et chirurgicaux, parfois spectaculaires, souvent décevants aussi, mais il convient juste de les tempérer. Ou plutôt de nous tempérer nous-mêmes relativement à eux : notre inclination naturelle a trop vite fait d'en conclure à la toute-puissance des médecins. Ce qui explique presque toujours qu'en dépit de certains excès quelquefois impardonnables, leur ignorance se voit confondue abusivement avec leur culpabilité.

Nos récents espoirs d'une longévité indéfiniment augmentée débordent depuis quelques temps les proportions raisonnables. On parle de 120 ou 130 ans comme d'une borne à la vie gravée comme un programme dans nos gênes. Comment le sait-on ? Comment a-t-on fait pour déchiffrer un tel secret ? On oublie presque toujours de nous le dire. D'autres, plus soucieux de se faire un nom (et des émoluments) n'hésitent pas à nous prophétiser l'espérance nouvelle d'une survie à 900 ans, sans pouvoir nous dire davantage pourquoi ils s'arrêtent ainsi en si bon chemin. Certes, dès qu'on saura – et on finira par savoir, cela n'est pas douteux – cultiver les cellules qu'on voudra ailleurs que dans les éprouvettes, on pourra théoriquement implanter n'importe quel organe déficient ou régénérer n'importe quel membre défectueux. Mais pourquoi donc se limiter à 900 ans ? Pourquoi pas 2000 ? ou même toujours ? tant qu'à faire... Encore faudra-t-il que l'humanité ne se soit pas éteinte d'ici là, de l'épuisement de ses ressources terrestres ou de la collision avec un astre errant.

Il y a une cinquantaine d'années, quelques personnes – sur les traces de Nietzsche d'ailleurs – avaient bien vu qu'on commençait à confondre la croyance en la science avec la croyance religieuse. Les savants eux-mêmes, du moins certains d'entre eux, notamment les " médiatiques de service ", n'ont pas peu contribué à cet amalgame flatteur pour eux, entre le prêtre et le scientifique. Vieille flagornerie humaine : la vérité, c'est moi. La vérité scientifique transfigurée en vérité d'Évangile. Cette contradiction dans les termes explique peut-être encore, bien que de loin, cette reprise fantaisiste par quelques scientifiques de cette espérance incroyable d'immortalité portée par les siècles des religions. Antiquité puérile depuis longtemps proposée aux hommes avec l'appui de la preuve par le plaisir : ça m'est agréable, donc ça ne peut être que vrai. Redoutable efficacité. Pourtant aujourd'hui après plusieurs siècles de philosophie libératoire *et* de science méthodique, *on sait*. On sait l'invraisemblable de ce mensonge, certes pieux, mais mensonge quand même. Repris aux Grecs par Paul de Tarse – bien plus que par les Juifs, Jésus de Nazareth compris –, venu de Pythagore – mais pourquoi n'est-il pas encore canonisé par le Vatican ? – qui l'avait lui-même recueilli aux confins de l'Inde. Bref, un mensonge multi-millénaire, mais pas spécialement chrétien en vérité, apte à flatter la misère humaine de l'illusion de sa petite valeur personnelle définitive. Seul dans l'univers, l'homme serait cette créature tellement valeureuse qu'elle mériterait tout exceptionnellement de vivre éternellement ! Qui peut encore croire une telle niaiserie ? Il serait bien temps au contraire de faire de cette simple proposition le signe irrécusable que celui qui vient aujourd'hui vous proposer encore d'y adhérer, est un simple charlatan qui se paie très sérieusement votre tête. Prêtre catholique, ou ce qu'il en reste, imam musulman, surtout islamiste, témoin de Jéhovah, ou gourou de ce tout qu'on voudra, tous de fameux farceurs. D'autant que la seule opposition de ces deux mots bien innocents suffit largement à mettre la puce à l'oreille : vie éternelle, cela est aussi absurde que cercle carré. Chacun des deux termes renie l'autre. Il est très facile d'admettre de façon générale et abstraite que la vie de n'importe quel vivant, de la bactérie au dinosaure, se définit par la naissance – et même la conception –, le développement, l'usure et la mort. La mort n'est pas le contraire de la vie, mais sa limite. Et toute vie, précisément pour pouvoir vivre et être vivante, est limitée à la fois dans l'espace et dans le temps. La clôture d'un champ n'est pas sa négation ni son annulation, mais sa définition en tant qu'il est *ce* champ et non un autre. Ce que sont nécessairement tous les champs, quels qu'ils soient. Inversement un champ qui n'aurait aucune limite ne serait même plus un champ. De même d'ailleurs pour un chant, une mélodie : pour exister en tant que tel(le), il lui absolument commencer *et* finir. À strictement parler, la chimère d'une mélodie infinie n'a pas de sens, même pas chez Richard Wagner, où dans le meilleur – ou le pire – des cas il lui faudrait bien commencer au début de l'opéra, et s'achever à sa fin. D'ailleurs une mélodie qui ne finirait jamais ne serait même plus mélodieuse. C'est sa coupe elle-même, la façon dont elle émerge des autres et dont elle retourne à son propre silence, après avoir ondulé pendant le temps limité qui est le sien, qui la définit en tant que telle. Nietzsche l'avait très joliment pensé : " La fin d'une mélodie n'est pas son but. Et pourtant une mélodie qui n'atteint pas sa fin, n'atteint pas non plus son but ". Parabole en effet, qui s'applique d'abord à la vie elle-même.

Aujourd'hui, personne d'un peu au courant ne peut plus ignorer que sur ce point toutes les religions ont abusé de cette sottise. On sait aussi pourquoi. Ce qui devrait enfin les pousser toutes à s'amender là-dessus dans la plus extrême urgence.

Nous voilà avec au moins une vérité incontestable, qui suffit à faire s'évanouir tous les mensonges : nous sommes tous mortels, et cela de part en part, tout autant que les mouches et les arbres, sinon nous ne serions pas. Il n'y a que les morts qui ne peuvent pas mourir, ou ceux qui ne sont jamais venus à la vie (mais cette dernière formule n'a pas de sens). Non pas parce qu'ils jouissent de la vie éternelle, mais parce qu'ils n'ont plus la vie tout court. La confusion de deux énonciations était facile et tentante. C'est pourquoi elle a eu tant de succès historiquement. Mais c'est une confusion quand même, venue directement des pièges que le langage sait nous tendre.

Les pièges du langage et les faux problèmes

La mort est suffisamment douloureuse et angoissante pour qu'on n'y ajoute pas des raisons supplémentaires de souffrir et s'angoisser. Surtout quand ces raisons sont à la fois infondées et vaines. C'est le langage qui nous piège souvent. De simples formulations, primitivement plus ou moins métaphoriques, viennent aggraver notre peine, tout bêtement parce qu'on finit par les prendre à la lettre et éventuellement par se poser des questions supplémentaires, par principe insolubles. Les prêtres catholiques, de longue date, ont pris cette habitude absurde de sur-multiplier la souffrance du deuil rien que par l'usage inconsidéré de formules malheureuses. De bonne foi, sans doute, ils croyaient apaiser. Ils font tout le contraire. Les homélies se présentent souvent comme des mines de propos particulièrement mal venus et réellement indéfendables.

" Il a plu à Dieu de rappeler son serviteur... " Il faut donc d'abord croire en ce Dieu qui n'a rien d'autre à faire que de rappeler à lui ceux qui le servent ici-bas, ce qui leur garantira de ne plus le servir – étonnante inconséquence divine ! – et ce qui rabaisse ladite divinité à se comporter comme un souverain tyrannique imposant aveuglément à tous son bon plaisir, fût-ce au prix des pires souffrances.

Par l'intermédiaire de la résurrection de Jésus, tous croyaient se voir promettre la consolation de la " victoire sur la mort ". Pour vaincre, il faut un adversaire à surmonter. Pour le surmonter il faut bien que ce dernier soit d'abord vivant. On voit l'absurdité de l'enchaînement : la mort est d'abord notre adversaire vivant, et cet adversaire, nous allons le vaincre… Personnification contradictoire qui s'annule d'elle-même. La mort n'est pas l'adversaire de qui ni de quoi que ce soit, mais la limite de toute vie. Inhérente au vivant, incluse dans sa vie-même. Aucun vivant ne peut vaincre ni sa mort ni la mort. Mais il est simplement mortel, en tant qu'il est vivant. Soit dit en passant, Dieu lui-même ne peut échapper à la règle : s'il est vivant, il doit mourir lui aussi. Et donc, tôt ou tard, cette vie *essentiellement limitée,* atteint précisément sa limite. Rien d'autre. C'est bien assez. Quant à Jésus dont l'exemple devrait nous redonner espoir, il me pose depuis toujours une question lancinante sur ce point : ou bien il était Dieu, comme on veut encore nous le faire croire, et il s'est payé notre tête en prétendant partager notre humanité jusqu'à la mort alors qu'il savait qu'il allait ressusciter trois jours plus tard. Un Dieu ne vainc pas la mort puisqu'il n'est pas mortel, sinon par faux-semblant. Ou bien il était homme tout autant que nous tous, et il est mort pour de bon, comme nous. Dans aucun cas il ne nous a ouvert les portes de la victoire sur la mort. À moins qu'il ne faille entendre cette formule que de manière métaphorique. Auquel cas il faudrait prévenir ses auditeurs… Quoi qu'il en soit, personne ne vainc la mort. La médecine la repousse tant qu'elle peut et la retarde quand elle le peut, parfois même au-delà de ce qu'elle devrait. Mais la mort nous constitue tous. En ce sens elle n'est pas l'échec du médecin (sauf en cas de faute professionnelle, évidemment), mais sa limite, indépassable puisqu'elle est la nôtre d'abord.

Sur l'expression encore trop utilisée " rendre l'âme ", il n'est guère utile d'insister. On sait depuis longtemps maintenant qu'elle sortait tout entière de la constatation superficielle du lien entre la vie et la respiration. Tout vivant respire, ceux qui ne respirent plus sont morts. Constat lié à l'antiquité sinon à l'absence de toute technique de réanimation. Les conclusions tombaient naturellement. Le principe vital était la respiration, le souffle, *spiritus, animus/ anima, psychè ou pneuma*. Forcément l'ultime respiration coïncidait avec l'arrêt du souffle et donc la fuite de l'âme/souffle hors du corps. Aujourd'hui on sait que les choses sont un peu plus compliquées. Il vaudrait donc aussi bien ne plus utiliser cette expression périmée.

Beaucoup plus fréquente, parce qu'elle reste étonnamment partagée par ceux qui ont la foi religieuse et par ceux qui ne l'ont pas, la formule " la vie lui a été donnée, elle lui a été reprise " continue de nous hanter et de nous torturer. Prise à la lettre, elle est pourtant absurde, ou insensée. Le croyant s'y accroche, puisqu'on lui a appris à le faire, car elle lui confirme la toute-puissance de la providence divine, même si en l'occurrence, son bien-fondé se trouve ici menacé. Dieu règle tout, il s'occupe de tout, et comme les Parques jadis, décide souverainement de la vie et de la mort de chacun d'entre nous. C'est lui qui nous donne la vie, nos parents n'étant jamais que ses obscurs moyens, et tout logiquement c'est lui qui la reprend. Cela console de l'injustifiable qu'on ressent toujours dans ces cas extrêmes. Puisque nos existences sont ainsi dans sa main supérieure, nos naissances, et surtout nos morts – et accessoirement nos existences entre les deux – se trouvent *in extremis* justifiées et leurs sens sauvés. Car par dessus notre radicale incompréhension – pourquoi sommes-nous donc venus à la vie ? Pourquoi, une fois vivants, faut-il en repartir ? – sa sagesse universelle nous assure que rien n'a été fortuit, ni dans un sens ni dans l'autre. Notre confiance rassérénée nous apparente à de petits enfants qui s'en remettent sans discussion à la bienveillance nécessairement supposée de leurs parents : " Laissez venir à moi les petits enfants ". Certes. Et il faut l'être en effet, pour ne pas être ébranlés par le moindre soupçon : drôle de père que celui qui nous enlève la vie après nous l'avoir donnée ! Drôle de don aussi, tandis qu'en principe ce dernier, même quand il n'est rien qu'humain, présuppose l'absence de toute perspective de reprise : *sine redditus spiritu*. disaient les Latins. Faute de quoi, le don n'en est pas un, mais au mieux, rien qu'un prêt… à usure même peut-être. L'incroyant ne fait guère mieux, quand il se laisse aller à se resservir pour lui-même de cette formule héritée de l'enfance de l'humanité. S'il ne croit plus en Dieu, qui donc lui aurait donné la vie ? Ses parents ? Même pas, puisqu'on ne peut donner que ce qu'on possède, ce qui n'est assurément pas le cas des parents, ni de personne. Et encore parce que ce que je donne, par définition je ne l'ai plus, sinon je n'ai rien donné du tout. Ce qui atteste une nouvelle fois que les parents n'ont pas donné la vie à leur progéniture. Ils l'ont juste transmise, ou plutôt la vie est passée à travers eux pour se transmettre – souvent même sans qu'ils le sachent – et rien d'autre. Quant à la leur reprendre, et sauf exception dramatique, aucun incroyant ne peut croire assez peu pour s'imaginer que ce sont ses propres parents qui vont la lui reprendre. Pure absurdité, longtemps religieuse, qui n'a plus aucune justification aujourd'hui, sinon cette invraisemblable rémanence de vocabulaire, cette coagulation en une formule toute faite d'une puérilité depuis longtemps dépassée.

Reste encore le clou du spectacle. Quel prêtre évitera jamais en son homélie terminale, de mentionner comme une source inépuisable d'espérance cette fameuse victoire sur la mort que Jésus nous aurait promise ? Formule refuge devant le désespoir de ceux qui pleurent leur mort devant lui, le brave prêtre croit aussi s'échapper du problème et se dépêtrer enfin des pièges d'un terrain trop mouvant. Mais qui peut avaler cette sottise sans hurler ? Jésus nous ouvre les portes de la vie éternelle, de la vie qui ne mourra plus – c'est vrai qu'une fois suffit bien – en assumant intégralement notre destin de mortels, qu'il transcende et dénoue à la fois par sa résurrection, et, tant qu'à faire, par la promesse de celle de tous les autres. Et sur quoi s'appuie-t-on pour soutenir une telle fadaise ? Sur les deux épisodes clés de la mort de Lazare, et de la mort de Jésus lui-même. Lazare vient de mourir, il était l'ami – le grand ami ? – de Jésus. Ce dernier, averti, arrive trop tard. Il pleure. On le comprend, on fait pareil. Puis ni une ni deux, il le ressuscite : " Lazare, lève-toi ! " Et Lazare se lève. Ou plutôt se relève. Fantastique victoire sur la mort ! Et nous, combien de fois avons-nous voulu hurler dans ces mêmes circonstances devant le cercueil de ceux que nous aimions : Dominique, lève-toi ! Jean, lève-toi ! Pierre, Bruno, levez-vous, nom de Dieu ! Jésus, nous répète-t-on, a partagé notre humanité jusque dans la douleur de la dernière séparation. Mais nous a interdit de partager sa divinité dans la solution que lui s'est réservée pour y remédier. À nous, pauvres humains, les morts n'obéissent pas.

Cela dit, dans cette histoire, telle qu'on continue encore de nous la raconter, il est clair que Jésus n'a pas été très honnête envers nous. Car enfin, de deux choses l'une : ou bien Jésus était un Dieu doué de pouvoirs sans limite et il n'avait aucune raison de pleurer la mort de son ami, puisqu'il savait forcément qu'il allait le ressusciter cinq minutes plus tard. Ou bien il pleure sincèrement son ami qu'il sait bien mort pour toujours, et il manifeste à tous qu'il ne bénéficie d'aucun pouvoir spécialement divin. Vieille farce sinistre des théologiens enragés à croire et faire croire l'incroyable. Redoublée par la niaiserie des curés séculaires qui s'en tirent toujours par une pirouette : entendez donc cela comme une métaphore ! Évidemment puisque littéralement c'est intenable.

Il en est exactement de même quand il s'agit d'affronter Jésus à sa propre mort. Dans des conditions atroces, c'est entendu. Mais le dilemme revient : si Jésus est vraiment Dieu, pourquoi craint-il de mourir, d'abord au jardin des oliviers la veille puis sur la croix au moment suprême (" Pourquoi m'as-tu abandonné ? ") ? Il sait pourtant qu'il va ressusciter le surlendemain. La belle affaire de mourir pour deux ou trois jours ! Ou alors il partage sincèrement notre condition de mortel, et il sait bien qu'il ne ressuscitera pas plus qu'un autre. Et toujours la même échappatoire cléricale, dès que ça coince : sens métaphorique !

Non, personne ne vainc la mort, et certainement pas le cadavre en décomposition. Rattrapé par sa limite même, puisqu'elle le définit, et le finit, précisément. Alors peut-être " métaphoriquement " ceux qui restent et assistent impuissants à l'achèvement promis à tous et à tout. Si l'on peut dire qu'ils vainquent la mort, c'est en surmontant cette suprême nécessité de la disparition des autres en gardant au fond d'eux-mêmes, dans leur chair déchirée, le souvenir de leurs disparus. Victoire la plus douloureuse de toutes assurément, dont les Évangélistes ont oublié de nous confier l'exemple... car le calvaire, d'une banalité sans pitié, est là et pas ailleurs. Victoire dérisoire aussi, puisque leur propre disparition, et donc celle des souvenirs qu'ils gardaient, leur est promise aussi.

Inutile de se leurrer : il n'y a pas de victoire possible sur la mort. Le vieux prêche, millénairement consolateur, relève de l'imposture.

Le langage nous tend encore plus d'un piège. Certains aussi banals et tenaces qu'une tunique de Nessos, d'autres d'allure plus savante et de notoriété plus élevée, mais tous finalement relevant du même genre d'analyse. Parmi les premiers, le plus fréquent, et sans doute celui qui fait le plus de mal au plus grand nombre dans la mesure où on a beaucoup de peine à résister à la tentation de l'appliquer à son propre cas quand le malheur vous frappe, et qui vient d'une façon parfaitement inutile ajouter sa part de souffrance déchirante à celle, déjà insupportable, de la douleur du deuil, celui du sentiment d'injustice. Quand un être aimé disparaît, on a du mal à ne pas croire à l'injustice du sort qui nous accable. Ce n'est juste. Ce n'est pas juste en effet d'être privé à jamais de la présence irremplaçable de celui ou celle qui vient de mourir et de nous laisser là, seuls au milieu d'un monde dont nous n'avons plus que faire. Ce n'est pas juste : ils sont morts trop tôt, forcément, tous ces gens qu'on aimait et qui nous aimaient aussi. Mais de quelle justice parle-t-on ? Ou plutôt de la justice de quoi ? de qui ? Bien sûr que si l'amour ou l'affection nous liait à eux, leur départ pour toujours vient systématiquement trop tôt. Le grand nigaud d'Heidegger pouvait bien dire que dès qu'un homme est né, il est assez vieux pour mourir, il aurait pu ajouter que dès qu'un vieux est encore aimé, il est trop jeune pour mourir. À chaque fois, c'est notre amour qui entre en jeu, pas l'âge du calendrier. Bien sûr encore, il est presque impossible en ces circonstances d'éviter la comparaison, surtout avec ceux qu'on ne connaît pas, ou qu'on n'aime pas, ou même qu'on déteste ou méprise. On dit souvent, comme pour essayer de se consoler à moins que ce ne soit pour s'accabler davantage, que ce sont les meilleurs qui s'en vont les premiers. Ce qui n'est pas très flatteur pour ceux qui durent et battent des records de longévité. Mais surtout c'est oublier que ceux qu'on aime et qui nous quittent sont toujours les meilleurs pour nous. Et personne n'est là – là-haut ? – pour décréter qu'ils doivent mourir avant les autres. Il est vrai qu'on enrage quelquefois, peut-être même souvent, de voir que la mort épargne de façon incompréhensible des personnages peu recommandables, qui n'ont pas eu beaucoup de scrupule à passer leurs vies à parasiter celle des autres. Ceux-là durent en effet, en vertu même de leurs parasitages, alors que leurs victimes lâchent prises, épuisées par eux. Ce qui ne laisse pas d'être fatal : tous les prédateurs par définition survivent à leurs victimes, dans la mesure précise où ils les ont saignées pour assurer leur propre survie. Inversement les plus faibles, souvent les plus attachants dans l'espère humaine, qui n'ont jamais fait de mal à personne, en tout cas volontairement, et qui de ce fait ont toujours été des proies faciles pour les malfaisants, sont tout logiquement épuisés avant leurs bourreaux. Mais bien sûr, il n'y a pas de loi générale là-dedans.

Quoi qu'il en soit, justice et injustice sont également hors-propos ici. Pour qu'on puisse seulement en parler, il faudrait un certain nombre de conditions qui précisément font ici défaut : il faudrait une loi d'abord, c'est-à-dire un principe général à partir duquel on pourrait apprécier tous les innombrables cas particuliers susceptibles d'entrer sous ses perspectives. Donc il faudrait encore un législateur, suprême ou non, qui aurait médité, édicté et décrété cette loi. Enfin il faudrait un juge, chargé de soumettre chaque cas particulier à la comparaison avec le modèle général retenu dans et par la loi. À moins de croire encore en Dieu, il n'y a rien de tout cela dans la vie et dans la mort des individus que nous sommes. Notons d'ailleurs que, même pour le croyant, Dieu remplit mal lesdites fonctions : où est donc la loi qu'il aurait promulguée relativement à la juste distribution de la mort à ses ouailles, à chacun selon ses mérites, ou plutôt en proportion inverse de ses mérites (puisqu'on le soupçonne capable de rappeler d'abord les meilleurs) ? Quant au non croyant, pourquoi s'obstine-t-il à se faire souffrir lui-même encore plus, rien qu'en cherchant une réponse introuvable à un problème qui n'a pas de sens, et qui ne tient en fait qu'à la rémanence par habitude d'une façon de parler venue de cette croyance-même dont il s'est libéré ?

Il faut le dire et le redire, pour tâcher de s'en persuader enfin : la mort de ceux qu'on aime est toujours l'épreuve la plus douloureuse, elle est, dans sa nécessité essentielle et dans sa modalité temporelle, l'inévitable par excellence, mais elle n'est ni juste ni injuste. Seulement nécessaire : quand la machine est cassée, elle s'arrête. Facile à dire, affreux à vivre, mais justement inutile d'y rajouter un injustifiable encore plus incompréhensible et encore plus douloureux. *Personne ne mérite de mourir*, peut-être même pas le plus abject des salopards, et surtout pas plus tôt ni plutôt que d'autres, ni dans des circonstances pires, mais tout platement, tout simplement, tout implacablement, tous, hommes, animaux, végétaux, doivent mourir. Le mérite n'a rien à faire là-dedans. La preuve : quand les hommes eux-mêmes s'accordent le droit d'en juger pour les autres, alors ce faisant ils ouvrent toujours la porte aux pires injustices. Les hommes ne devraient jamais avoir à décider de ce qui, de toute façon, ne dépend pas d'eux. Est-ce à quiconque parmi eux de décider qui doit respirer pour vivre et qui ne doit pas ? Moins ambigu encore : est-ce à certains " élus " de décider qui doit retomber sur le sol après avoir sauté à pieds joints, et qui ne doit pas ? En vérité, en dépit de certains abus institutionnels trop connus, cela n'est pas de notre ressort. Deuxième preuve, à l'envers : personne ne mérite de vivre, c'est-à-dire de venir à la vie, ou ce qui revient au même, tout le monde le mérite. Une fois de plus, les mots n'ont pas de sens, nous nous laissons abuser par eux. On ne peut mériter – ou ne pas mériter – que ce qui a été l'objet d'un choix libre et responsable. Hors de ça, ce n'est qu'une extrapolation abusive, une induction immaîtrisée : je peux mériter, ou pas, une médaille, un premier prix, une rémunération, ou quelque chose de ce genre accessoire. Mais personne ne peut mériter, ou pas, ce qui relève de la nécessité : manger, boire, respirer, digérer, etc. À plus forte raison, mourir ou naître. L'arbre va mourir aussi un jour. L'a-t-il mérité ? L'enfant naît dans une famille bien disposée ou destructrice. L'a-t-il mérité ? Comment aurait-il pu mériter de naître tout court, arriver dans la vie, alors qu'il n'existait même pas ? L'application de ce jugement serait clairement absurde, puisque pour mériter, il faut absolument *d'abord* avoir agi de telle ou telle manière, et donc avoir *d'abord* existé…

La mort n'est jamais juste ni injuste. Elle est, c'est tout. Hors de toutes nos responsabilités. On pourrait distinguer encore cette nécessité de la terminaison de tout ce qui est individuel, des modalités de cette terminaison. C'est-à-dire à la fois des raisons qui ont amené la mort, et des causes qui l'ont provoquée. Bien sûr que le fait même de mourir nous échappe à tous, mais la façon de mourir ? À tel âge plutôt qu'à tel autre… il aurait pu vivre encore… tandis que d'autres vivent toujours… ce n'est pas juste ! Mais qui peut réellement décider de la juste mort de quelqu'un ? Et selon quel critère ? Il en faudrait bien un. On dit souvent : un enfant innocent, un adulte honnête ne devraient pas mourir si vite. Tandis qu'une crapule ou une ordure, même bien endimanchée, devrait avoir disparu depuis longtemps... lors d'un rapport sexuel, des millions de spermatozoïdes sont sacrifiés au profit d'un seul qui vivra en s'unissant à l'ovule. Leurs morts sont-elles injustes ? La survie de l'élu est-elle juste ? N'en déplaise à Monsieur Darwin, qui peut seulement être sûr que le sélectionné était bien le meilleur de tous, c'est-à-dire le seul qui méritait son triomphe ?

Ce puéril anthropomorphisme nous fait beaucoup de mal et surmultiplie la douleur de nos deuils. Car nous appliquons alors une problématique bêtement humaine à des situations qui n'ont rien à voir avec les petits soucis rien qu'humains.

La mort nous pose à tous un autre problème, autrement tenace et lancinant s'il est possible, et surtout encore plus inévitable et fondamental. Celui du Sens. Question affreuse, par dessus tout : pourquoi la mort ? Pourquoi nous faut-il mourir ? Et pourquoi telle ou telle mort dans telle ou telle circonstance ? Pourquoi mourir à tel moment, et de telles manières ? C'est-à-dire toujours trop tôt et de façon trop cruelle. S'il est facile de trouver les causes, finalement toujours abondantes voire surabondantes, il est à peu près impossible de trouver les raisons, les justifications, la finalité. Un mur, depuis toujours. Du moins depuis que les hommes ont appris à parler pour se poser des questions. Et depuis toujours aussi, la même impossibilité de répondre, sauf à plonger dans les fantasmagories religieuses (d'ailleurs sans queue ni tête, même pour les croyants) et délires des illusionnements de toutes sortes. Plus personne d'un peu sensé ne peut encore se consoler à l'idée que nos morts résultent de l'originelle et rémanente désobéissance à Dieu. D'autant que les animaux et les végétaux et tous les autres vivants, meurent aussi, qui n'ont jamais croqué la pomme édénique. Aucune réponse à cette question, aucune solution à ce problème. Rien qu'une absence totale de compréhension et un silence éternel et effrayant venu des espaces infinis. Problème qui fait aussitôt tache d'huile, en rebondissant sur la question du sens. Quel est donc le sens de la mort ? Avec un dernier ricochet, le plus redouté, qu'on s'évertue à se cacher à soi-même tant qu'on est vivant : quel est donc le sens de la vie ? La vie a-t-elle seulement un sens ?

Inutile d'insister sur tout ce que nous inventons quand nous vivons, pour ne pas voir cette question. Les hommes sont des experts en matière de divertissements préventifs. Peut-être d'ailleurs ont-ils finalement raison, car l'obsession de pensées aussi désespérantes finirait par stériliser toute la volonté de vivre et de faire. " Frère, souviens-toi qu'il faut mourir ", ou le meilleur moyen de perdre ce qui nous reste. On le voit bien chez presque tout le monde, sauf les quelques rares doués d'une capacité de réaction qui frise l'héroïsme, lorsque l'annonce du dernier décompte nous assomme de façon officielle. Difficile de vivre sans illusion et en ayant en permanence sous les yeux la vérité du destin qui nous attend tous.

Mais la réflexion peut encore nous faire découvrir autre chose au sujet de cette question du sens. Depuis Platon (au moins), nous savons bien que l'homme est le seul animal qui sait qu'il va mourir. Qui le sait, non dans l'imminence de l'agonie – les animaux le sentent aussi bien que nous – mais dans la reconnaissance abstraite et générale de sa propre mortalité. C'est-à-dire y compris quand il se sent en pleine forme. De ce fait, depuis toujours nous enchaînons : s'il nous faut mourir un jour, quel est donc le sens de la vie ? Comme si c'était la mort elle-même qui annulait rétroactivement la valeur de la vie. Camus, tout près de nous, l'a confirmé : la seule question philosophique est celle du suicide, c'est-à-dire de décider si oui ou non la vie vaut la peine d'être vécue. Sous-entendu, avec la perspective de la mort, forcément. Sartre a été encore plus explicite : toute vie est essentiellement gâchée à partir du moment où elle doit s'arrêter. Toute vie est mauvaise à partir du moment où il faut mourir. Que la mort n'ait aucun sens, c'est ce que nous ressentons tous dès que nous la rencontrons d'une manière ou d'une autre. Et nous remontons aussitôt le courant : donc la vie, qui a mené là, n'en a pas davantage. S'il faut mourir, la vie n'a pas de sens. La mort n'a aucun sens, donc la vie non plus. Inférence immanquable.

À partir de là on comprend mieux que depuis toujours les hommes, pressentant la menace du non-sens de leurs vies, se soient évertués à se jeter préférentiellement au devant d'une mort chargée de sens. Avec l'espoir secret de la même remontée vers la source : si je parviens à donner un sens à ma mort, alors ma vie aussi en aura un. Tous ceux qui se sont dévoués à une cause supérieure – supérieure à leur vie, cela va de soi – s'y retrouvent : militants, guerriers, révolutionnaires… mais aussi martyrs religieux, surtout chrétiens, et aujourd'hui martyrs politiques, surtout islamistes. Qui prennent quand même la précaution trouble de ne pas mourir tout seuls quand ils l'ont décidé. Ce qui devrait suffire à insinuer la suspicion sur leur démarche, prétendument héroïque. Le martyr, par définition, sacrifie sa vie à sa cause : *sa vie à lui*, pas celle des autres qui, quand même, n'y sont pour rien dans son choix strictement personnel de conférer ainsi un sens à sa mort et à sa vie. Et puis franchement, peut-on sérieusement espérer donner un sens à ses mort et vie en supprimant celle des autres ? On peut douter de la justesse du calcul. Et même les authentiques martyrs, qui n'ont attenté honnêtement qu'à leurs propres vies, ont-ils vraiment atteint le but qu'ils espéraient ? À leurs yeux de vivants, tant qu'ils étaient vivants, certainement, puisque c'est ce qu'ils voulaient le plus personnellement. Mais une fois morts, que reste-t-il de leur affirmation de sens ? Sans doute, et de nouveau aux yeux des adeptes de la même cause envieux de faire le même geste signifiant, fabricateur de sens, la démonstration semble-t-elle convaincante. Mais la question revient : quand ils seront morts à leur tour, que restera-t-il de leur sens ? Exemple extrême, donc très clair : les affiliés des sectes qui montrent la voie en se suicidant, font le geste ultime par conviction. Mais convainquent-ils quelqu'un d'autre que ceux qui y croyaient déjà ? Qu'en est-il en effet pour ceux qui les regardent de l'extérieur ? Peuvent-ils ne pas être navrés d'un tel illusionnement ? Tous ces prétendus sacrifices ne sont-ils pas à la fin aussi dérisoires qu'inutiles ? Même leur cause, y a-t-elle vraiment gagné quoi que ce soit ? Nietzsche avait raison de toute façon : les martyrs ne démontrent rien. À quoi ont-ils finalement servi ?

Et si nous étions tous victimes, plus ou moins consentantes, de la mauvaise position du problème ? Peut-être se glisse-t-il dans cette affaire deux erreurs, ou deux illusions auxquelles nous restons viscéralement attachés.

La première consisterait dans l'usage extrapolé de la référence toute humaine à l'utilité. À quoi sert de mourir ? Et à quoi sert-il de vivre, puisqu'il faut mourir ensuite ? Est-on bien sûr que ces questions, tout à fait inévitables je le sais bien, ont seulement elles-mêmes un sens ? Ce qui, soit dit en passant, expliquerait assez pourquoi on n'y trouve jamais de réponse, du moins réellement satisfaisante. La vie des hommes baigne presque tout entière dans cette obsession de l'utilité. Ou plutôt elle navigue continuellement sur les questions innombrables que nous nous posons à ce sujet, dans la vie la plus quotidienne comme dans nos expériences vécues les plus spécialisées, sinon les plus extrêmes. Le monde technique qui est le nôtre, pas seulement depuis la révolution industrielle, fort loin de là, mais probablement depuis la préhistoire, est bourré à ras-bord de choses artificielles (c'est-à-dire inventées par la raison humaine) utiles, plus ou moins, mais qui revendiquent toujours de l'être ; tantôt clairement utiles, tantôt douteusement utiles, parfois même pas franchement utiles. C'est-à-dire dont on pourrait aussi bien se passer. Vieux ressort de la publicité qui s'ingénie toujours à nous faire croire le contraire. Mais utiles à quoi ? La réponse est dans la question : utiles à autre chose qu'elles-mêmes, à une fin ou à un but qui leur est extérieur et auquel notre intelligence calculatrice les a raccrochées artificiellement. Depuis son origine grecque, technique signifie cet agencement, cette adaptation des moyens à leurs fins, c'est-à-dire leurs usages. Et c'est notre capacité de raisonner qui les a ainsi reliés les uns aux autres. Un marteau n'est pas utile à lui-même, mais à celui qui veut planter un clou et qui connaît cet usage. Par une première extension, animale avant même d'être humaine, un arbre n'est pas utile à lui-même mais à ceux qui sauront en faire une pirogue, une charpente ou un barrage sur une rivière. Même un animal peut-être ne saurait être dit utile à lui-même, mais seulement à cet autre animal qui aura besoin de sa chair pour s'en nourrir. Cette relation d'utilité, ou de moyen à fin, n'est assurément explicitée que par l'homme, grâce au langage articulé, qui à son tour lui deviendra utile pour exprimer une émotion ou partager une connaissance. Notre raison, si chère aux philosophes et aux savants, est sortie de là, et presque toujours obscurément y reste : trouver le meilleur moyen possible pour atteindre un but. Certes la question essentielle reste ouverte : qui propose les fins, et lesquelles ? En tout cas, cette relation technique a produit au fil des siècles une sorte de schème mental universellement transmis à toute notre espèce. La question est devenue initiale, presque *a priori*, à propos de tout ce que nous sommes amenés à apprécier et à expérimenter : à quoi cela sert-il ? Quel est son but ? Ou plutôt de quel but est-ce le moyen ? Ce qui sous-entend encore autre chose : qui a décidé du but, et qui a fait ces choses de manière à atteindre le but visé ? Pour la réponse, c'est le modèle humain qui sert spontanément (c'est le premier qu'on connaît puisque c'est le nôtre) : ainsi la chaise existe, dira-t-on, *pour qu*'on puisse s'asseoir sur elle, et *parce qu*'un menuisier l'a façonnée. Intelligence pratique obligée : d'abord concevoir l'idée dans sa tête (intelligence), puis façonner le réel pour le rendre conforme à l'idée de départ (pratique). Et réponse à la double interrogation typiquement humaine : pourquoi ? À la fois au sens de " pour quel but " et de " par quelles causes ". Aristote parlait de causes finales et de causes efficientes, et sans le savoir le petit enfant de quatre ou cinq ans applique à tout cette grille aristotélicienne. Et l'adulte, pas vraiment décontenancé, répond en détaillant le but et la cause sur le modèle artisanal qui avait servi à Aristote. Pas décontenancé parce que au fond il fait la même chose avec toutes ses questions d'homme, bien au-delà de la sphère strictement technique : pourquoi le monde ? Pourquoi la vie ? Pourquoi la mort ? Parce qu'une grande intelligence les a pensés, voulus et faits.

Mais c'est l'extrapolation d'une puérilité. Qui explique à son tour la véritable rage des humains à se rendre eux-mêmes utiles à quelqu'un ou à quelque chose, en se mettant au service (pour servir…) d'un supérieur, d'une institution ou d'une cause. Être utile, servir, obéir. Disons les choses autrement : nous n'aimons pas ce qui ne sert à rien. Et celui qui ne sert à personne. Comme si tout et tous devaient toujours servir à quelque chose. Et pourtant autour de nous, les exemples ne manquent pas : à quoi sert la fleur que nous admirons ? Osera-t-on accepter la réponse passablement anthropocentrée : elle sert à être admirée par nous ? Si oui, alors elle est sauvée, puisqu'elle est utile en effet. Mais cette réponse ne vaut que pour nous, pas pour elle. À quoi cela lui sert-il d'être admirée par nous ? alors qu'elle ne risque pas de le savoir elle-même autrement qu'en étant coupée par nous précisément pour être disposée dans un vase et s'y faner et y mourir plus vite. Qu'est-ce que le papillon qui s'y pose a à faire de l'admiration que nous lui vouons ? Et surtout, quand il n'y a pas d'hommes pour les admirer ou avant que les hommes admirateurs de papillons ne soient apparus sur la planète, n'y avait-il pas déjà des fleurs ? À quoi servaient-elles donc ? Et à quoi servent les mouches qui nous énervent, les araignées qui nous effraient, les microbes qui nous tuent ? Les montagnes, les cyclones, les étoiles ? De même d'ailleurs pour une foule d'activités bien humaines, dont nous ne savons nous passer, et qui nous embarrassent bien sous cet angle : les arts, les œuvres picturales, musicales, littéraires ? Etc. À quoi servent-elles ? Gare à nos réponses de petits enfants : si le soleil existe, c'est *pour* t'éclairer et te chauffer.

Et si c'était notre question-même qui était déplacée et superflue… À quoi sert de vivre ? Décalons le problème : pourquoi l'homme est-il le seul à se poser cette question. À quoi sert de mourir ?   À quoi sert de souffrir ? Finies les réponses fantaisistes et intéressées de la religion, on a au moins progressé un peu à les rejeter : personne ne souffre *pour* racheter ses péchés ou ceux des autres. Sans doute la question est-elle viciée par nos préoccupations et nos manies rien qu'humaines : nous bénéficions d'une raison, c'est-à-dire d'une faculté de raisonner dans, avec et par le langage. Qui nous fait spontanément considérer tout ce qui existe en termes de moyens et de fins, de causes et d'effets, de principes et de conséquences. Dès que nous parlons et raisonnons, nous sommes entraînés dans ce jeu-là : expliquer quelque chose, c'est dire à quoi ça sert. Car cela nous rassure, et nous permet de nous y retrouver. En rentrant dans nos schémas mentaux, les choses semblent se soumettre à nos prises. Nous nous repérons alors, en reliant les choses entre elles, et surtout à nous. Cela prouve notre besoin de sécurité mentale, mais ne confirme en rien la vérité ou la justesse de cette exigence. C'est seulement beaucoup plus " pratique ", comme on le disait tout à l'heure.

Et si nous apprenions à enfin à accepter de n'être utiles à rien ? Non pas d'être nuisibles à qui que ce soit (ne nuire à personne ce serait déjà bien), mais *simplement d'être*. Comme l'explosion d'une super-nova ou l'éclatement d'un accord de si bémol majeur. Qui serait assez sot pour demander à quoi ils servent ? Et pourquoi aurions-nous un sort différent ? Notre grand sérieux en ces choses nous encombre. Nietzsche disait déjà en substance : pourquoi prendre la vie au sérieux, quand on sait de toute façon comment elle doit finir ?

La deuxième illusion que des siècles de réflexion religieuse et philosophique ont entretenue invariablement jusqu'à en graver en chacun de nous quelque chose comme une évidence *a priori*, nous accable aussi de son apparence sérieuse. C'est celle du lien supposé indénouable entre le sens et l'immortalité. Lien qui se réfléchit dans l'automatisme de sa négation, entre la mortalité et l'absence de sens. Présupposé universellement tentant : si la vie est finie, elle n'a pas de sens. À l'envers : elle ne pourrait avoir de sens que si elle était assurée de ne pas finir. D'où naissent à peu près toutes les religions depuis l'aube des temps. Le mot " fin " a deux sens en français : le terme et le but. Si on explicite, on obtient donc : seule une vie sans fin (terme) peut avoir une fin (but), ce qui l'assure aussitôt d'avoir un sens, puisque le sens se définit toujours par la poursuite d'un but. Il faudrait encore supposer que seule une vie qui n'atteint jamais son terme pourrait poursuivre indéfiniment son but. Pur truisme. Mais si elle est sûre de ne jamais atteindre ni son terme ni son but ni sa fin, n'est-elle pas vouée au désespoir absolu ? Raisonnons par l'absurde : une vie immortelle a-t-elle bien un sens quelconque ? Oublions la vie éternelle, puisque chacun sait bien qu'étant né un jour, il n'a pas toujours existé – ce qui, soit dit en passant, ne semble pas avoir jamais gêné qui que ce soit – et qu'étant intégralement défini par son immersion dans le devenir temporel, il n'a jamais bénéficié de l'immuabilité d'une présence hors du temps qui passe. Une vie immortelle aurait-elle donc plus de sens qu'une vie vouée à mourir ? Question délicate qu'on peut s'étonner de ne voir poser nulle part. Comme si elle n'avait jamais effleuré aucun esprit humain. Pourtant sérieusement, qu'est-ce qui empêche de la poser ? Plus : comment est-il possible de ne pas la poser ? N'est-elle donc pas inévitable, surtout quand on se heurte au mur de la mort de ceux qui nous sont chers ? Tentation que je crois bien universelle : pourquoi donc sont-ils morts ? Réponse tout aussi universelle : cela n'a pas de sens. Mais s'ils avaient continué à vivre, pas seulement un jour, un an ou vingt ans, mais toujours, à jamais, pour les siècles des siècles et même encore davantage, cela aurait-il plus de sens ? Où irait une vie assurée de ne pas finir ? Quel serait son but ? À quoi servirait-elle ? La notion de sens ne suppose-telle donc pas une direction, une orientation vers un but qui doit devenir tôt ou tard un terme ? Quel sens aurait encore un voyage qu'on entreprendrait vers nulle part, sans la moindre direction finale, atteignable ou pas ? Et dans cette poursuite indéfinie, que deviendrait à la fin – ou plutôt sans fin – une existence cheminant à jamais vers… rien ? Peut-on seulement imaginer la chose ? Imagine-t-on un Homère encore présent parmi nous aujourd'hui, et assuré d'être encore là demain et toujours ? À quoi passerait-il son temps, qu'il n'aurait plus à compter ? À répéter indéfiniment son *Iliade* et son *Odyssée* ? Ne serait-il pas le premier à s'en lasser et à supplier de l'oublier ? J'ai déjà buté sur la disparition de la motivation inhérente fatalement à l'immortalité : procrastination illimitée, pétrification dans l'instantanéité sans mémoire ni espoir, ni souvenir ni espérance. Soit redit en passant : on touche ici à la limite de l'intelligibilité élémentaire de la plus élémentaire divinité. Depuis des siècles, les penseurs ont trop posé la question de Dieu à partir du souhait des hommes. Ils ont oublié religieusement de poser celle du souhait de Dieu lui-même : qu'est-ce qu'un Dieu éternel pourrait bien attendre et vouloir de sa propre vie ? Qu'en ferait-il, et pourquoi ? Quel serait son sens, et sa justification ?

Douloureux paradoxe : la vie, finalement, ne peut avoir de sens que si elle est mortelle. Pire : l'espérance et la mémoire n'ont de sens que parce que la vie est mortelle. Je reviens sur Homère, je disais qu'il finirait lui-même par se lasser de son œuvre et par s'ennuyer de lui-même. Mais ses admirateurs encore plus, sans doute. Quel souvenir, par là-même exclu, resterait-il de la qualité de ses écrits ? Que ferait-on des aventures d'Achille ou d'Ulysse si leur auteur continuait de parader dans les émissions de télévision ? Est-on bien sûr qu'on continuerait de l'admirer et de l'apprécier, ou bien finirait-on par le trouver insupportable, à force d'être toujours là ? À la fin de sa vie, Berlioz écrivait qu'il ne se remettait pas de n'avoir pas connu (personnellement, en chair et en os) Virgile, Beethoven et Shakespeare. Certes, toute sa vie, il a rêvé de les retrouver, de se présenter devant eux avec son immense admiration, de les côtoyer peut-être dans leurs vies quotidiennes. Mais lui, Berlioz, et son œuvre tout entière qui leur doit tant, y auraient-ils vraiment gagné quelque chose ? N'y auraient-ils pas au contraire cruellement perdu ? Il aurait forcément découvert leurs petits travers routiniers, leurs petites manies quotidiennes. Toutes les routines journalières, absolument inévitables pour nous tous au demeurant, dans la mesure où elles allègent la vie, se transforment vite en sujets d'agacement pour les autres, à proportion de la proximité entre eux et nous. Si je peux en juger par moi-même, et malgré la souffrance que j'en ai parfois éprouvée, j'aurais aussi aimé connaître Berlioz, ou Nietzsche, ou Cluytens. Mais je dois aussi me poser la question suivante : mon admiration pour eux en aurait-elle été accrue, ou diminuée ? Finalement cette profonde admiration se nourrit mieux de leur souvenir – forcément limité à ce qu'il y avait de meilleur en eux, et donc amputée corrélativement de ce qu'il y avait de moins bon – rendu possible et nécessaire par leur disparition. Un Berlioz sénile, un Nietzsche débile ou un Cluytens moribond seraient infiniment décevants.

On dira que je choisis les données de l'hypothèse la plus convenue dans laquelle la réponse est contenue d'avance : si Berlioz était toujours là, mais dans un état désespérément dégradé par les siècles, il serait inévitable de conclure qu'on le préférerait mort depuis longtemps. Mais si les progrès annoncés, pour ne pas dire claironnés, de la science permettaient de nous conserver tous intacts et en bonne forme, n'en irait-il pas tout autrement ? Si nous avions à nos côtés un Berlioz toujours allant, un Nietzsche invariablement percutant, et même un Homère toujours inventif, ne faudrait-il pas nous en réjouir franchement ? C'est tentant, bien sûr, mais ça n'a guère de sens. Extérieurement, et tout superficiellement, ces gens venus d'autres temps avec d'autres habitudes, d'autres préoccupations, d'autres préjugés, auraient forcément évolué pour vivre comme nous et avec nous aujourd'hui. Homère au volant d'une Renault Mégane (laquelle n'est pas Mégane chez Renault?), Berlioz coiffé à la mode des footballeurs superstars, ou Nietzsche en bermuda animant une croisière de friqués, seraient-ils tout bonnement encore ce qu'ils ont été ? Plus essentiellement, leur art aurait nécessairement changé avec les exigences des temps qui les ont suivis : Homère écrirait peut-être comme un lauréat du prix Goncourt, Berlioz composerait une musique à la Boulez ou même à la Jean-Michel Jarre, et Nietzsche penserait comme un Onfray ou un quelconque nouveau philosophe... Encore plus profondément la question redouble : seraient-ils encore ce qu'ils ont été et sont restés dans l'histoire ? Dilués dans les modes d'aujourd'hui, non seulement ils ne nous fascineraient plus, mais probablement nous indifféreraient ou nous exaspéreraient. Ce qui, par parenthèses, contresigne la faillite totale du non-sens absolu des mises en scène d'aujourd'hui, au théâtre et à l'opéra. Cette imposture éclate alors au grand jour. Homère, Berlioz ou quiconque, ne peuvent *être éternellement aimables* qu'à la condition d'*être morts en leur temps*. Il faut être bêtes comme nos contemporains pour s'imaginer le contraire.

Quel que fût le tragique de leur disparition : un Berlioz déjà oublié à 66 ans, un Nietzsche perdu pour lui-même à 56 ans, un Cluytens terrassé à 62 ans. Il me faut à la fin reconnaître la force supérieure du souvenir de leur réelle grandeur. Pourquoi en serait-il autrement de tous ceux, bien plus humbles, mais qui eurent pour nous qui les avons connus et aimés une valeur tout aussi haute ? C'est dur, mais c'est ainsi, et peut-être est-ce le mieux. La beauté du souvenir requiert leur mort. Et donc la ferveur de la mémoire également.

Tous, célèbres ou pas, donc d'abord les nôtres, nos proches aimés, ne peuvent rester eux-mêmes et aimables indéfiniment que parce qu'ils sont morts et que nous vivons encore.

C'est incroyable, et incroyablement douloureux, mais je crains fort qu'il ne puisse en être autrement.

Dernier retour sur la question de l'utilité, nouée enfin à celle de la mortalité. Interrogation toujours menaçante : à quoi sert la vie, s'il faut mourir ? Les deux illusions précédentes, maintenant entrelacées l'une à l'autre, et en générant peut-être une troisième. Questions spécifiquement humaines, seuls les hommes semblent pouvoir se les poser, et tous les hommes s'y retrouvent un jour ou l'autre, notamment ceux qui se voient acculés un jour au mur de la mort : la sienne propre, dès que le destin a décidé de son explicite imminence ; celle des autres, ceux qui nous étaient chers surtout, dès qu'ils nous sont arrachés. Une seule réponse, lancinante et sous-entendue : la vie n'est rien – " nous sommes bien peu de choses " – la vie ne sert à rien, puisqu'elle est mortelle et qu'on la perd et qu'on doit la quitter. Enchaînement évident, enclenché par le désespoir, et pourtant pas fondamentalement cohérent. Simple analogie : si la symphonie doit finir, elle ne sert à rien ? Et il ne sert à rien de l'avoir écoutée ? Si le concert doit s'arrêter, c'est la preuve qui finalement il ne valait rien ? La terminaison d'un beau concert doit donc en effacer rétroactivement la beauté ? Ou le contraire ? Inversement l'utilité de la vie ne peut reposer que sur son éternité ? Problème déjà rencontré ci-dessus, mais qui doit encore en faire jaillir un autre, antécédent : qui peut juger de l'utilité de la vie, ou de toute autre chose d'ailleurs ? Quel point de vue faut-il adopter pour pouvoir seulement apprécier, positivement ou négativement, l'utilité de ceci ou de cela ? Réponse : l'utilisateur par définition est le mieux placé pour savoir juger de la valeur de l'outil dont il se sert. Et la durabilité de ce dernier, trop vite confondue avec sa fiabilité, ne sera jamais que l'un des critères d'appréciation, et sans doute pas le plus important. Le marteau est une chose utile depuis bien longtemps. Mais même en lui accordant fictivement la conscience de soi, est-il en position de juger lui-même de son utilité ? Et son éventuelle détérioration annule-t-elle pour autant son utilité passée ? Au présent et au futur, c'est clair, un marteau brisé ne peut plus servir. Mais cela n'enlève rien à l'utilité du marteau en général, ni même à celle du marteau en particulier. Il serait utile s'il pouvait encore servir, précisément en tant que marteau. Sa caducité factuelle n'annule pas son utilité. Sans doute même, au contraire l'exacerbe-t-elle d'autant plus : car ce marteau cassé m'est de fait encore plus utile et indispensable, maintenant qu'il est cassé et que je ne peux plus m'en servir alors que j'en ai besoin. J'en ai précisément encore plus besoin, au moment-même où il me fait défaut. Exactement de même pour la vie qui vient de s'éteindre : la mort n'annule pas le besoin qu'on pouvait avoir du vivant, au contraire elle le rend plus cuisant et plus cruel. Et en même temps cette constatation fort banale oblige à y nouer l'autre préjugé : le marteau n'est pas en situation d'apprécier lui-même son utilité, il faut pour cela un point de vue distancié et extérieur. L'utilisateur *n'est pas* le marteau, et réciproquement, et c'est en tant que tel seulement qu'il peut s'en servir et donc en avoir besoin. Nietzsche l'avait reproché à Schopenhauer : l'homme n'est pas placé pour juger la valeur (ou l'utilité) de la (sa) vie, puisque précisément il ne lui est pas extérieur. Pour pouvoir le faire, il faudrait se situer hors d'elle, ce qui littéralement n'a plus aucun sens. Car il est impossible de vivre – pour juger – hors de la vie. Moralité très banale finalement : la vie ne peut pas s'apprécier en termes d'utilité ou d'inutilité, puisqu'elle n'est pas un outil dans la main d'un utilisateur. Ou alors il faut considérer le cas où la vie de l'un est utilisée, d'une manière ou d'une autre, par un autre vivant. Je peux en effet vivre de manière à me rendre utile à tel ou telle, d'autres également sont tentés quelquefois d'utiliser l'un ou l'autre pour le mettre au service de leurs intérêts. Dévouement volontaire d'un côté, manipulation subie de l'autre. Je fais servir ma vie à une cause, un parti, une espérance, ou une autre personne. Ou bien je me sers d'autrui, individuellement ou collectivement, pour mieux atteindre des fins personnelles et égoïstes. Dans ces occurrences de dédoublement des points de vue, on pourra en effet dire que telle vie sert quelqu'un ou à quelque chose. Une vie utile à d'autres sera heureuse si elle est librement voulue, tyrannisée si elle est subie dans les chaînes. Mais non pas utile à elle-même, ce qui n'a pas de sens. Il n'y a de vie utile que pour les autres, et sa terminaison mortelle n'annule en rien son utilité passée et l'exacerbe toujours.

Une fois de plus la mort n'a rien à voir avec l'utilité de la vie. En elle-même et pour elle-même, la vie n'a pas de réelle utilité, elle ne sert à rien d'autre qu'à elle-même (ce qui rigoureusement ne veut pas dire grand-chose, mais c'est la moins mauvaise formulation). À quoi sert la vie d'une fourmi ? Ou plutôt, la question de l'utilité de la vie, chacun pour soi et vis à vis de soi, n'a pas de sens. C'est la question, pas la vie, qui n'a pas de sens. Il faudrait parvenir à ne plus la poser. Quitte à se réserver pour l'autre question, qu'elle sous-entend et déforme à la fois : à quoi, à qui le vivant que nous sommes, veut-il être utile ? C'est la relation aux autres que nous engageons alors, à la condition de nous défaire de cette maladroite exigence de sens de ma vie par rapport à moi seul. D'ailleurs les hommes s'y trompent moins qu'on ne pense : leur acharnement à se rendre utiles à une personne ou à une cause autres qu'eux-mêmes, replace heureusement la question de l'utilité où elle se situe seulement. Être utile à quelqu'un ou à quelque chose *d'autre,* projet humain par excellence. Le sens de la vie nous apparaît dans le *service* – d'où peut-être la propension exagérée à la *servitude* – qui n'est plus qu'une extrapolation absurde d'une tendance nécessaire à l'humanité qui pense toujours en terme d'efficacité ou d'utilité à autre que soi. Là nous touchons habituellement le bonheur. Rétroactivement le mourant se console d'avoir vécu en servant à quelque chose : l'art, la musique, la société, l'histoire, les malheureux de ce monde, ou plus modestement mais non moins profondément ceux qu'ils ont aimés. Berlioz au seuil de la mort : " Il est bon de vivre pour adorer le beau ". Voltaire, de façon encore plus générale : " J'ai fait un peu de bien, c'est mon meilleur ouvrage ". On souhaite cet aveu terminal à tout un chacun.

Trois remarques enfin. Les excès les plus délirants et les plus funestes s'enracinent encore sur ce fond légitime. La rage panique de donner un sens à sa vie par et dans le service suscite les terroristes destructeurs des autres et les moutons sectaires destructeurs d'eux-mêmes. Tous rassemblés par la peur panique de n'avoir aucun sens. Et par manque de courage et de discernement dans le choix des causes à servir. Contre-preuve : la désespérance absolue de ceux, vieux et jeunes, qui se persuadent, à tort ou à raison, qu'ils ne servent à rien ni à personne. L'insupportable ! Et le dérisoire aussi, quand c'est à tort. Quant à ceux qui n'auront jamais vécu que pour eux-mêmes en asservissant leur entourage pour leur (mal)propre petit compte personnel, toujours ancrés dans la certitude d'avoir seuls raison… ? La conclusion tombe toute seule, il vaut mieux ne rien en dire.

À quoi sert la vie s'il faut mourir ? Question encore une fois qui n'a pas de sens et qu'il faudrait renoncer à poser. Premièrement elle servirait encore moins si on ne mourait pas. Deuxièmement personne ne peut répondre à la question de l'utilité de la vie, du moins personne d'engagé dans la vie car il serait à la fois juge et partie. Pour un vivant (humain), l'utilité de la vie en général et le choix de servir à quelque chose ou à quelqu'un tant qu'on vit, relèvent de deux problématiques différentes. La première relève d'une métaphysique impossible, l'autre ressortit à une décision existentielle personnelle. Troisièmement la mortalité menacerait peut-être l'utilité générale de la vie, mais même pas de façon certaine. Car quand le vivant meurt, " la vie continue " – sans s'en soucier outre mesure – et, comme l'avoue la sagesse séculaire, " c'est la vie ". De fait cette question et sa réponse ne concernent pas celui qui vient de mourir, et encore moins ceux qui le pleurent. Pour ce dernier, la seule question fondée reste celle de l'utilité qu'il aura choisi de vivre. Sa mort ne l'annule pas le moins du monde. Au contraire.

La question " pourquoi la mort ? " a deux sens. Ou bien elle parle de l'événement en lui-même et de façon générale, ce dont on vient de parler. Ou bien et sans doute plus souvent, elle fait référence à la justification des modalités de la mort de l'un ou de l'autre : pourquoi maintenant et ici, dans telles circonstances et de telle manière, plutôt que tout autre chose ? Pour quoi mourir à un âge plutôt qu'à un autre ? Pourquoi mourir ainsi et pas autrement ? Etc. Questions qui font très mal, quand elles s'appliquent à ceux qu'on aimait et qu'on vient de perdre.

Toujours le même paradoxe, typiquement humain, c'est-à-dire lié sans doute aux exigences de notre langage et de sa grammaire. Ces questions nous hantent, nous n'y trouvons évidemment jamais de réponses autres que fantasmatiques (de type religieux surtout), et en même temps ces questions n'ont pas de sens. Mais nous peinons à nous en débarrasser.

D'une part, tout ce qu'on vient dire s'applique également à tout ce que nous vivons : pourquoi avoir eu son bac, ou l'avoir raté ? " Pourquoi faut-il que le destin l'ait mise là sur mon chemin ? " Pourquoi suis-je né français et nanti ? Pourquoi suis-je grand ou blond, ou inintelligent ? Etc. Sans limite. Y compris la question du départ : pourquoi suis-je né ? Cette universalité du questionnement ne prouve pas sa validité mais atteste plutôt qu'il est suspect.

D'autre part, toutes ces questions, issues de la grammaire langagière (le double sens de pourquoi : à la fois à cause de quoi, et en vue de quoi) provoquent des confusions difficiles à éviter entre les causes et les buts. Un événement quelconque a toujours des causes : si je suis blond, c'est parce que mes parents avaient des cheveux de telle et telle couleur. Etc. En revanche, croire que ces mêmes événements ont en même temps des buts, cela ne peut se justifier que si quelqu'un (?) a pensé et voulu ce qui m'arrive avant que cela ne m'arrive. Un but nécessite toujours un fabricateur (*faber,* artisan, artiste, démiurge) qui le pense avant de le réaliser. Mentalité enfantine, on l'a déjà dit. Exemple classique qui devrait enfin troubler tout le monde, y compris les croyants le plus invétérés : une tuile tombe sur la tête d'un passant et le tue. Pourquoi ? Donc forcément : qui a voulu ça, quelle providence est responsable ? Réponse bloquée : quelqu'un forcément, là-haut, même si nous, petits hommes, n'y comprenons rien. Les voies de Dieu sont impénétrables (pour nous, mais pas pour lui). Mais s'il n'y a pas de Dieu pour penser secrètement ses buts ? Qui le remplacera ? Nietzsche a raison, si nous croyons ça, c'est nous qui sommes absurdes. Preuve : le même exemple, à peine modifié. Une tuile tombe à deux mètres d'un passant, et ne lui fait donc aucun mal. Personne ne songe plus à poser la question, qui exigerait tout autant de l'être, car Dieu aussi l'aurait voulu. Alors ?… alors si douloureux que cela soit, quand l'un des nôtres meurt, la question à ne pas poser, pour ne pas se perdre à jamais dans les non-sens, est bien celle-là : pourquoi maintenant, ici, ainsi ? Rien que celle des causes : parce qu'il était où il ne fallait pas, parce qu'il était souffrant, etc. la question des fins n'a pas de sens.

Mais elle nous fait mal. Ou plutôt c'est la mort de celui ou celle qu'on aimait qui fait mal. Et en effet nous confondons la douleur que nous éprouvons avec la justification des questions qu'on se pose. Ça n'est pas parce que l'événement nous fait mal, que les questions que nous nous posons ont un sens. Mais que c'est dur à admettre !

Vivre la mort

Formulation paradoxale, à la limite – peut-être franchie – de l'absurde. Et pourtant inévitable, tant cette expérience est universelle. À part le nouveau-né emporté dans la mort avant même d'avoir pu prendre conscience des autres et de lui, aucun être humain ne peut espérer échapper à " l'expérience " de la mort. Celle des autres bien sûr, ceux qu'il aimait, et ceux qu'il ne connaissait même pas. Puis la sienne propre, par retour sur soi, incontournable même pour les plus dépourvus d'imagination. Dans la vie, la mort est partout. Végétaux, animaux, humains, hommes lointains et inconnus dont les massacres débordent des médias. Voisins proches qui nous concernent plus ou moins. Et évidemment ceux que nous connaissions, et éventuellement aimions. Dont la mort nous frappe. Tout ce qui est vivant doit mourir. Mort sans exception imaginable. Et nous vivons là dedans puisqu'il est impossible de vivre ailleurs. La vie se nourrit de la mort, biologiquement parlant au moins. Et peut-être pas seulement.

En toute rigueur langagière, il est impossible de vivre sa propre mort. Épicure disait qu'il ne nous faut jamais craindre la mort puisque la mort n'est rien pour nous. Que nous soyons vivants ou que nous soyons morts. Simples truismes : si nous sommes vivants, la mort n'est pas là. Et si nous sommes morts, c'est nous qui n'y sommes plus. CQFD par définition verbale. Ce qui a au moins le mérite de rejeter les prétendues expériences de la mort, qui pourtant nous intéressent tous. Quand Montaigne s'entraînait à mourir en bon philosophe qu'il croyait être, il s'égarait lui-même. Sa chute de cheval et la douceur de l'abandon qu'il a alors incontestablement ressenti – paisible descente du mourant qui sent se rompre toutes ses attaches au monde et toutes les tensions qui l'y enchaînaient – sont encore une expérience de vivant, et non de mort. Car il vivait encore, puisqu'il est revenu à lui. Il a sans doute frôlé la mort, comme disent les vivants, il s'est vu mourir, il s'est senti aux portes de la mort, mais il n'est pas mort. Et n'a donc rien su de la mort à ce moment-là. Situation identique à celle de l'endormissement où nous nous laissons aller tous les jours : tant que nous pouvons nous sentir glisser dans le sommeil, nous sommes éveillés et ne dormons pas. Inversement dès que nous dormons pour de bon, la moindre conscience de dormir ou même de s'endormir s'est évanouie. Rien à faire : les prétendues expériences de la mort sont toujours des expériences vécues, donc des expériences de vivants. Les seuls qui pourraient nous parler vraiment de leur état de mort sont précisément ceux qui ne risquent plus de le faire. Et pour cause. Quand Jésus, exception incroyable, est ressuscité, il n'a rien raconté à personne, ce qui pourtant aurait suprêmement intéressé tout le monde. C'était au moins logique, tout en constituant un aveu d'impossibilité. Si aujourd'hui encore l'imposture perdure si bien, c'est parce qu'elle nous plaît : tous les témoignages sur le tunnel, la lumière, l'apaisement et les retrouvailles avec les morts qui les ont précédés proviennent de réchappés *in extremis* de la mort – c'est le cas de le dire – c'est-à-dire de gens qui ont vécu incontestablement une expérience limite mais n'ont pas traversé la limite. Ce sont encore, quoi qu'ils en disent, des expériences de vivants. La preuve, c'est qu'ils sont toujours là pour nous les raconter, et ne sont donc pas morts. De la mort en elle-même ils n'ont rien su de plus que n'importe qui. Leurs témoignages ne sont pas inintéressants, mais seulement à propos d'un état de vie devant une porte qu'ils n'ont pas franchie.

Lors d'une de nos dernières conversations téléphoniques, Bruno, tu m'as confié en me racontant ton infarctus : " Tu sais, je me suis vu mourir ". Inversement au sujet de ta plongée d'un mois dans le coma artificiel, tu me disais : " Là, je n'ai aucun souvenir ". Rien vu, rien senti. Dans le premier cas, tu n'es pas mort, dans le second tu l'étais presque. La conscience ne suit pas. Elle semble même inversement proportionnelle à ce qu'on pourrait appeler la traversée de la mort. Pour nous les hommes – en est-il de même pour les animaux ? – vivre sa propre mort, c'est en avoir conscience quand elle arrive et qu'elle est là. Mais comme pour le sommeil, plus la vie s'approche de la mort, plus la conscience s'en retire. Forcément. Car tout platement pour avoir conscience, il faut d'abord vivre. Pour avoir conscience de m'endormir, il faut d'abord être éveillé. Dès que je dors, la conscience est partie. C'est après coup seulement que je peux croire me souvenir de ce que j'ai ressenti quand le sommeil s'approchait. Autre expérience analogue : l'anesthésie générale. La première fois que ça m'est arrivé – comme un peu à tout le monde – je me souviens avoir senti un liquide glacé me gagner rapidement tout le corps. En bon prof de philo, j'ai même eu le temps de penser à Socrate et à sa ciguë… puis plus rien. Une autre fois, beaucoup plus récente, je me souviens que l'anesthésiste m'a collé le masque sous le nez en me disant que c'était de l'oxygène. Pas dupe, j'ai eu le temps de penser : De l'oxygène ? Et puis quoi encore ? Puis plus rien. Une troisième fois, même chose, le masque sous le nez et la surprise que je ressens : Tiens ! Je respire son truc et je ne m'endors pas ...? Et instantanément je m'endors, et plus rien.

Rien à faire, Épicure a raison. Du moins en théorie, ou en droit. Pour avoir conscience de quoi que ce soit, il faut une coexistence minimum entre ce dont je prends conscience et moi qui en ai conscience. Ce qui est impossible dans le cas de la mort. En tout cas de la mort effective, accomplie, donc irréversible : l'état de mort. En revanche pour la mort en train d'arriver, le processus, même bref, qui fait passer de la vie à la mort, le " mourir ", comme diraient les philosophes allemands, il en va sans doute autrement. Au moment même du passage d'un état à l'autre, le mourant peut bien être une ultime fois conscient qu'il est sur le point de mourir. Il se voit mourir, tant qu'il a encore un souffle de vie en lui. Sans doute, toi Bruno, puisque tu as levé le bras comme en un dernier geste d'appel au secours, tu as senti pendant un instant – heureusement insaisissable – que c'était la fin. À quoi as-tu pensé alors ? Personne ne le saura, puisque tu ne reviendras plus pour le dire. Ni pour t'en souvenir toi-même, et accroître d'autant ton angoisse. Plongeon dans la nuit, plus rien. Rien que les questions sans réponse de ceux qui restent et qui assistent au plongeon. Mais alors on change de point de vue. Tu t'es vu mourir, comme finalement ça arrive assez souvent aux uns et aux autres, et les premières fois tu n'étais pas mort : rétrospectivement le souvenir du faux dernier instant revient à la conscience et se charge encore plus d'angoisse et de détresse. Mais la dernière fois, le souvenir pour toi ne viendra plus jamais aggraver les choses. Peut-être est-ce mieux après tout : au moins ceux qui viennent de passer ne reviendront pas nourrir le souvenir affreux de leur passage. C'est déjà ça. Pour eux comme pour nous.

Vivre sa propre mort ne ressortit pas forcément à cette expérience limite (limite de la vie, limite de toute expérience). Vivre sa mort, c'est avoir la conscience qu'on va mourir, vivre sa vie avec l'idée plus ou moins obsédante de sa mort au bout du chemin. Ce qui de toute évidence, doit s'entendre dans deux sens, très différents dans leurs vécus respectifs. Aristote distinguait la puissance première et la puissance seconde. Dans le cas de la conscience vivante de la mort, cela permet de distinguer deux situations, sans doute universelles, auxquelles d'ailleurs l'analyse doit encore en ajouter une troisième.

Puissance première, certaine mais vague et indéterminée, du moins imprécise. On va mourir, et on le sait. On va mourir *un jour*, mais personne ne sait ni quand ni comment. Le plus tard possible, bien sûr. Ou plutôt : on sait, d'une façon quasi abstraite, sans rapport explicite avec la vie qu'on mène au présent, qu'on doit finir par mourir. On le sait, mais à des moments où l'on vit très bien, en bonne santé, et même en pleine forme. Un horizon fatal, mais sans imminence particulière, même si la vie est telle que tout peut toujours arriver, le meilleur comme le pire. Une sorte de loi générale. C'est bien connu, la mort est alors tellement hypothétique, tout en étant nécessaire, qu'on ne ressent pas d'angoisse particulière face à sa perspective, même si cette perspective oriente la vie entière de façon constante. D'abord pour nous encourager à l'écarter autant que faire se peut, tant elle est désespérante quand elle s'installe vraiment. Ensuite pour nous pousser à ne pas perdre trop de temps à faire et à vivre ce à quoi on tient. Oscillation indéfinie entre tous les divertissements innombrables inventés par les hommes, et l'incitation obligée à profiter des instants. Ce premier sens caractérise à lui tout seul presque toute la vie humaine : tout nous est bon pour ne pas trop y penser, loisirs, alcool, drogue, sexe et même engagement politique ou humanitaire et travail. Même la croyance religieuse, peut-être plus ambiguë qu'on ne pense habituellement, remplit cette fonction protectrice. Le rappel impitoyable semble n'avoir jamais été osé que par les Trappistes : frère, souviens-toi qu'il faut mourir. En regard son corollaire, non son contradictoire, comme dans la *Genèse* : mets-toi au travail sans tarder, puisque tu es devenu mortel. Fais ce que tu estimes avoir à faire. Sans trop attendre. Le pire malheur étant celui des vierges folles, qui n'ont même pas pris le temps de faire ce qu'elles voulaient faire. Le tout étant préalablement de bien décider ce qu'on veut vraiment faire de sa vie. Et de s'y mettre à temps. Seule façon de ne pas abandonner ça, au moins, à la mort.

Puissance seconde : occurrence précise, déterminée, approximativement prévue ou annoncée, même si elle n'est pas toujours imminente. Le processus qui mène au terme est engagé. Aujourd'hui on dirait que l'événement visé est devenu statistiquement très probable. Ce n'est pas encore là, mais tout est prêt pour… C'est le contraire qui est devenu improbable, sinon impossible. Dans le cas de la perspective de la mort, c'est la situation du condamné, qui sait qu'il l'est. Condamné par le justice des hommes (ou leur injustice), ou par la maladie. Dans un cas comme dans l'autre, le verdict est tombé, le mot fatal a été prononcé, le décompte est entamé. Même avec une marge d'erreur, dont on comprendra après coup qu'elle aura été énorme quelquefois, on se retrouve au pied d'un mur qu'on sait désormais infranchissable. Du même coup, on passe dans le domaine des expériences impartageables : seul celui qui s'y trouve, peut vraiment savoir de quoi il s'agit. Celui qui reste au bord, même si son assistance reste d'une importance immense, ne peut plus vraiment comprendre ce qui se passe dans la tête du condamné. Sans doute cela relève-t-il de l'inimaginable, en toute rigueur… expérience limite où chacun à son tour plonge dans sa solitude absolue. Impossible de se mettre à la place de l'intéressé. Tout au plus peut-on essayer de l'accompagner en s'efforçant d'imaginer ce qu'il ressent. Le temps des soldes de la vie, l'angoisse devant l'issue personnelle qui approche, et l'éventuelle panique sous la pensée des siens qu'on va abandonner. Soldes ; tant qu'il en est encore temps, on met de l'ordre dans ce qu'on va laisser. Papa a rangé ses papiers sans rien dire à personne et a disposé sur son bureau les plus importants, accompagnés de la liste des choses à faire quand il serait parti. Pierre aussi a trié ses documents personnels. Toi, Bruno, sans doute tu as fait de même. Je crois même que c'était ce que tu voulais me faire sentir quand tu m'écrivais ton incommensurable sentiment de solitude. Ces moments d'angoisse où le destin vous oblige à imaginer la vie de ceux qu'on va laisser, tu m'en faisais part de façon panique une heure avant de mourir. Ton dernier mail ne parlait presque que de ça : qu'allaient devenir ceux que tu aimais après ta mort ? Tu imaginais, me confiais-tu, la douleur qu'ils ressentiraient en voyant ton fauteuil vide, la place abandonnée, ta présence effacée… et tu concluais : " c'est trop triste ". Le pire, c'est que tu ne te trompais pas, et que ton imagination ne délirait aucunement, mais devinait d'une façon incroyablement clairvoyante ce qui leur arriverait en effet. Que la vie peut donc faire souffrir ! Et jusqu'au bout du bout ! Que répondre à ça ? Quelle paroles peuvent adoucir un tel sentiment d'horreur ? J'avoue à ma grande honte que je ne les ai pas trouvées, et même que je n'avais rien compris.

Quel désespoir ce doit être, et quel courage surhumain il doit falloir pour l'affronter ! Comme sont chanceux finalement ceux qui, comme Jean, sont partis d'un coup, sans avoir le temps de rien !

Resterait encore une sorte de puissance troisième. Certainement la plus mystérieuse, la plus insaisissable pour ceux qui assistent à l'événement : l'agonie du mourant. La mort toute proche, même si personne ne sait encore dire le moment exact. Mais y a-t-il seulement un moment exact ? Le processus mortifère est enclenché, rien ni personne ne peut plus l'arrêter. La conscience du mourant semble s'éteindre peu à peu, en dépit d'éclairs de lucidité. On dirait que le cerveau range une dernière fois ses souvenirs (?) et ses priorités. Dans un désordre environnant impressionnant. Je ne peux oublier les dernières phrases sensées de papa, noyées dans des propos déphasés, sinon délirants. Un sursaut : " Bon, maintenant, il faut me dire la vérité : je suis en train de mourir ? " disait-il brusquement. Mon frère aîné, loyal : " Oui ". Réponse immédiate, bien dans le ton courageux qui a toujours été le sien : " C'est déjà ça ! " Aveu désespéré sur sa vie ? D'autres fois, tirés d'une sorte de demi-sommeil de plus en plus étouffant, un éclat : " Il est arrivé un malheur ? un tremblement de terre ? il y a beaucoup de morts ? " Etc. Et puis les énigmes, sans solutions, impénétrables : en plein râle – comme elle est laide la mort en train de faire son œuvre ! – un murmure obsédant : " B-A-X…B-A-X "…, plusieurs fois répété. L'incompréhensible pour ceux qui restent. Que voulait-il dire ? Secret emporté. Orson Wells avait bien vu les choses lorsqu'il filmait l'agonie de son Citizen Kane balbutiant presque imperceptiblement " rosebud ". Sauf que ce dernier mot incompréhensible devenait le prétexte – parfaitement compris par la magie artistique – de la reconstruction de toute la vie du personnage du film.

Derniers moments mystérieux d'une conscience qui s'éteint. Ensuite les vivants restent condamnés aux hypothèses sur ce qui leur échappe pour toujours. Peut-être comme le racontait Montaigne, l'approche finale du non-retour dénoue-t-elle enfin toutes les tensions vitales et fait-elle sombrer doucement dans l'apaisement définitif. Impossible de le savoir tant qu'on n'y est pas soi-même. Et seulement de façon instantanée quand on y est…

*

Vivre la mort : si ces mots ont un sens, c'est celui-ci : vivre la mort des autres. Le plus dur. Vivre la mort de ceux qu'on aime, qu'on accompagne au mieux jusqu'au bout, ou ceux que les circonstances nous empêchent d'accompagner parce que tout bêtement on n'est pas là quand il faut. Ensuite, c'est vivre avec leur disparition, comme on dit vulgairement, être avec… Encore…

Le sommet des cruautés de toutes les expériences vitales. Je crois qu'on peut le dire, rien n'égale cette souffrance-là. Certes l'honnêteté oblige de reconnaître la radicale duplicité qui est la nôtre en la matière. À moins qu'il ne s'agisse d'un mécanisme de défense du vivant qui sombrerait à coup sûr s'il ne pouvait en user pour se protéger. Notre réaction face à la mort des autres change du tout au tout selon " les autres " que l'on considère. Dichotomie absolue, quasi automatique : les proches, les indifférents. Disproportion hallucinante qui révèle la vanité des nombres et de leurs décomptes.

Ceux qui ne nous concernent pas – ou guère – sont innombrables. Les mourants des antipodes, les massacrés des pays lointains, jusqu'aux voisins de rue ou de palier. Quelques milliards d'individus, rien que ça, dont la mort ne nous émeut pas vraiment. Parcimonie des émotions ? Égoïsme des réactions ? Sans doute. Tout au plus une compassion de réflexion, d'ailleurs égocentrée : la mort qui frappe l'homme ou la femme des antipodes, brutale ou prévisible, naturelle ou provoquée par la bêtise humaine, nous rappelle quand même notre fondamentale communauté de destin. À plus forte raison, la mort du bout de la rue. Mais sans plus. Celle-là, on en reparlera, on la comprend et l'admet sans trop de peine. C'est le cas de le dire.

En revanche la mort des proches – et encore ! celle de ceux qu'on aime – nous crèvent littéralement de douleur. Ici les choses sont radicalement différentes, même si cela trahit notre radicale injustice. L'expérience suprême de la souffrance, désormais quotidienne, irréparable, inextinguible. Celle qui menace sans solution le sens et le goût de la vie pour ceux qui restent. Celle que les penseurs, philosophes en tête, n'ont jamais su prendre en compte : ni Socrate, ni Épicure, ni Jésus, ni aucun stoïcien, ni même Nietzsche ou Schopenhauer n'ont connu et osé théoriser cette détresse absolue. Quand ils ont pensé la mort, ils ont pensé la leur, pas celle de leurs proches les plus aimés. Accessoirement ils ont imposé cette souffrance à leurs proches les plus aimés, mais eux-mêmes ne l'ont pas vécue. Socrate n'a sans doute pas fait beaucoup souffrir Xanthippe, même si après tout nous n'en savons rien, en buvant la ciguë. Mais qui sait ce que Marie-Madeleine a enduré en voyant son époux sur la croix ? Nietzsche a gardé au fond de lui la tragédie lancinante de sa petite enfance : *der Vater ist tot...* Mais il n'a jamais eu à pleurer la mort d'une épouse ou d'une amante adorée. Auguste Comte est seul connu pour l'avoir fait, mais il semble bien y avoir perdu sa raison. Berlioz a perdu son fils unique, et ne s'en est jamais remis : coup de grâce d'un destin qui pourtant ne l'avait pas épargné.

Il y a des séparations dont on ne se remet pas. Évidemment celles d'avec les plus proches : les conjoints, du moins quand ils sont liés par l'amour, ce qui heureusement en ces circonstances n'est pas le cas de tout le monde, et les enfants surtout. Pourquoi ces morts-là nous atteignent aussi profondément ? l'impression de tout perdre, celle d'une vie devenue inutile, le sentiment d'être amputé d'une partie de soi ? Et bien sûr le terrible souvenir. Les amnésiques seuls sont heureux (mais de quel bonheur dérisoire?) : je me souviens de cette grand-mère du Haut-Doubs atteinte de dégénéres-cence cérébrale et de perte à peu près totale de mémoire qui riait benoîtement à tout, même quand on lui annonçait la mort d'un proche. La mémoire nous crucifie. En gardant, fidèlement ou pas, la trace ineffaçable de l'être disparu, elle nous taraude de l'obsession de sa disparition et de son absence. Dans chaque situation connue, on le (la) revoit, dans chaque situation nouvelle on imagine ce qu'il (elle) aurait dit et fait. La puissance considérable de cette mémoire qui empêche la deuxième mort de l'effacement et de l'oubli, est en même temps sa faiblesse absolue par la torture qu'elle inflige. Dure condition, rien qu'humaine, que le divin Jésus, quoi qu'en disent les théologiens, n'a jamais connue : cette part d'humanité lui est restée étrangère. Quand il a pleuré un mort, il l'a ressuscité aussitôt après. Facile. Et pour les autres, il a lancé sans pitié aucune

cet aphorisme dont je n'ai jamais pu percer le sens :
" Laissez les morts enterrer les morts ". Avait-il si
peu de respect de la douleur extrême des hommes ?

Pourquoi ce désespoir sans limite qui pousse tant
de vieux au suicide (d'une manière ou d'une autre),
et quelquefois des jeunes ? Ceux qui restent ont
pourtant toujours la vie, mais c'est pire peut-être que
de ne plus l'avoir. Comme quoi il est inexact de
soutenir que le vivant (humain) veut la vie à tout
prix. Tout un univers mental à refaire, tout l'univers
personnel ordonné par des structures mentales
enracinées au fil des années par les habitudes,
bonnes et mauvaises, et d'un coup la nécessité de
reconstruire tous ses repères. Ce qui réclame
beaucoup de temps et beaucoup de peine. Et se
heurte par dessus le marché à la volonté contraire de
ne pas changer son univers mais par fidélité de tout
faire pour préserver encore ce qui a disparu.
Résistance, refus, déni qui évidemment n'aident pas
à la cicatrisation. Tout perd son sens, tout perd son
goût. Même le bonheur des autres devient
insupportable. Comme si toute la justification de la
vie n'était jamais venue que de l'absent. " Un seul
être vous manque, et tout est dépeuplé ". L'univers
entier devenu vide d'un coup, et sans intérêt. Le
manque, rien que le manque. De tout, pour toujours.
J'admire immensément ceux qui surmontent
l'horreur de cette situation-là. Elle me dépasse,
j'avoue que je ne comprends pas. Par excellence,
l'expérience impartageable, incommunicable ;
personne ne peut comprendre ceux qui sont dedans.

Inexplicable aussi. Tous les grands penseurs de la philosophie, tous les fondateurs de religion nous ont appris savamment, parfois judicieusement, à ne pas craindre excessivement la mort. Mais la nôtre seulement, chacun pour soi. Et ils ont tous ignoré, ou esquivé, la panique de la mort de l'autre. Seuls les poètes, les musiciens, les artistes en général ont osé s'y affronter. Et généralement ils en ont tiré leur œuvres les plus poignantes. Les braves gens, les gens simples, la vivent, eux, et nous servent d'exemples, souvent accablants de douleur. Quand ma grand-mère maternelle a enterré son mari, elle lui a dit en jetant sa poignée de terre sur le cercueil descendu dans son trou : " Ne t'en fais pas, va. Je vais bientôt te rejoindre ". Quand papa sur son propre lit de mort a appris la mort de sa femme, il n'a pu réprimer un sanglot, lui que je n'avais jamais vu pleurer. Et tant d'autres exemples que les philosophes, les savants, les religieux ont toujours été incapables d'analyser et d'expliquer. À moins qu'ils en aient eu peur. Souvent, devant une telle misère chez les hommes, je me suis dit que si Dieu a jamais existé, il y a longtemps qu'il s'est suicidé en voyant la souffrance à laquelle il les a tous condamnés. Celle-là surtout.

*

On dit souvent, ou plutôt on le pense sans le dire ouvertement, que celui qui reste pleure surtout sur lui-même quand il est inconsolable de la disparition de celui qui est parti. Consolation des témoins qui sont extérieurs au drame que précisément ils ne sont pas en train de vivre eux-mêmes : ils tracent alors une sorte de ligne de démarcation presque infranchissable entre d'une part la plainte de la vie achevée – toujours trop tôt – et d'autre part la complainte de celui qui reste dans une solitude radicale qu'il ne voulait pas. Ce dernier confie presque toujours : " il ne voulait pas mourir, il avait encore tant de choses à faire et à vivre, ce n'est pas juste qu'il ait été contraint de partir si tôt, il aurait tant voulu rester encore, etc. " Apparemment, dit-on, sa sympathie partage rétroactivement le déchirement, quelquefois réel et indiscutable, de l'agonisant d'hier. Mais en fait, ajoute le consolateur hâtif, qui peut-être tient d'abord à se consoler lui-même et à s'épargner la responsabilité de venir en aide à l'abandonné sans retour : " Quand tu prétends déplorer le cruauté de la fin de sa vie, tu pleures d'abord ton propre désarroi et ta détresse de ne plus savoir pourquoi ni comment vivre ". C'est bien connu, les vivants s'excusent : " Pour lui, c'est aussi bien, et même mieux, d'en avoir fini avec ses souffrances et ses angoisses – ce qui n'est pas faux. Au moins maintenant il est libéré, il ne souffre plus. Il n'y a donc plus lieu de le plaindre. Ce n'est pas sur lui que tu pleures, c'est sur toi, parce que tu ne parviens plus seulement à imaginer ta survie dans un tel état d'abandon ". Ce qui n'est sans doute pas tout à fait faux non plus. Mais qui ne mérite pas pour autant d'être écarté aussi simplement d'un revers de la main. Car l'abandon est incontestable, et la détresse absolue qui lui est liée mérite un respect à sa mesure. C'est d'une amputation qu'il s'agit : une part de soi, éventuellement même la meilleure et la plus importante, vient d'être arrachée. Il faut bien de l'aplomb pour appeler ça une illusion ou une diversion.

Une dernière remarque sur ce point, qui exige plus que tout autre, pudeur et réserve. Les seuls habilités à en parler vraiment étant ceux qui y sont confrontés et qui, presque toujours et comme toujours, sont ceux qui ont le moins envie d'en parler. Une remarque, une constatation et une interrogation de plus. Presque tous les couples unis amputés par la mort voient survivre la femme plutôt que l'homme. Bien sûr on invoquera la plus grande longévité des femmes, mais la statistique n'explique pas tout. On dirait que cette épreuve suprême est comme réservée à l'énergie supérieure des femmes. L'homme abandonné est plus pathétique, encore plus dérisoire dans sa solitude finale qui lui semble encore moins naturelle qu'à la femme. Comme si les femmes révélaient ici une puissance supérieure, à la fois de supporter la souffrance la plus haute, et d'incarner à elle seule le souvenir du disparu. L'homme qui reste s'effondre, et souvent survit peu et mal. La quotidienneté lui devient aussitôt intolérable, et le souvenir insupportable. L'homme délaissé est perdu, dans tous les sens du terme. Ou bien il se hâte de mourir à son tour, ou bien il se remarie, contresignant ainsi sa faiblesse et son échec, quelquefois sa trahison. Les femmes en revanche, plus incroyablement courageuses, supportent souvent mieux cette situation désespérée. Un homme ne sait pas vivre sans sa femme, et le problème est loin de se restreindre aux petites exigences de la vie de tous les jours. Il n'est souvent plus qu'une ombre, qui ne dure pas par elle-même. La résilience, comme on dit aujourd'hui, a tout l'air d'être d'abord une qualité féminine. Signe certain de la supériorité psychologique des femmes.

Penser la mort

Reste encore à passer des années, qu'on le veuille ou non, à penser, anticiper ou imaginer la mort. Je veux dire : à tenter, tant bien que mal – car les embûches ne manquent pas – de lui accorder une place dans notre univers mental. Histoire d'essayer d'atteindre un minimum de cohérence vitale.

Les choses ici ont toutes les chances d'être fort différentes selon qu'il s'agit de penser sa propre mort – forcément sur le mode de l'anticipation – ou de penser la mort en général, c'est-à-dire forcément d'abord celles des autres, même si par ricochet réflexif, la mienne doit s'y trouver incluse.

Quand on essaye de penser la mort, les niveaux de considération, et par voie de conséquence, d'acceptation, sont assez nombreux, et méritent donc d'être soigneusement distingués. Je crois qu'on peut en dénombrer au moins cinq. Selon ces niveaux, les difficultés qu'on éprouve à prendre la chose en compte vont varier de façon assez spectaculaire.

1- le niveau abstrait, ou métaphysique. La mort est pensée ici dans sa définition même, mise en rapport immédiat avec la vie. Cette constatation toute simple et inévitable, nous l'avons déjà faite souvent, et nous nous y sommes souvent appuyés : le vivant doit mourir, tout vivant est mortel, seul ce qui est vivant peut mourir. La mort n'est pas le contraire de la vie, elle est le contour du vivant. Principe abstrait, posé presque par définition : la finitude, sous tous ses rapports et en tous ses sens, définit notre être même. Elle ne nous détruit pas par les limites qu'elle nous impose, elle nous pose au contraire dans l'existence avec ses nécessaires conditions de possibilité. Si nous n'étions pas finis, si nous étions infinis, nous ne pourrions même pas exister, nous ne serions pas du tout. Exister, vivre, c'est être limité. De partout. Spatialement : je ne suis pas le cahier sur lequel j'écris, et en même temps si je suis ici je ne suis pas ailleurs. Parce que j'existe, en tant que j'existe, j'ai une silhouette qui marque la frontière entre ce que je suis – le corps propre des philosophes – et ce que je ne suis pas, ce qui n'est pas moi. Abolir cette limite, c'est dissoudre mon existence individuelle pour la diluer dans l'environnement qui m'était extérieur, et dont je ne serai plus discernable. Potentiellement : mes capacités sont imitées, mes forces physiques et intellectuelles, ma puissance psychologique et même affective, toutes souffrent forcément de défauts et de défaillances. Je ne sais pas tout, très loin de là, je ne peux pas tout, encore moins. C'est ainsi, pour chacun d'entre nous, et même pour chaque être vivant. Et plus encore pour chaque être existant, tout simplement. Exister, c'est ne pas tout pouvoir. La toute-puissance relève du mythe le plus invraisemblable, issu seulement de l'extrapolation langagière et de l'usage abusif des mots. Nous voudrions que ça existe, et les mots le disent sans effort si nous le leur demandons. Mai ça n'a aucun sens. Encore une fois cette finitude ne nous contredit pas, elle nous définit, et nous permet à la fois d'être, et d'être ce que nous sommes – les philosophes parlaient d'existence et d'essence – c'est-à-dire distinct des autres. Réflexion en passant : Sartre s'est encore une fois trompé en prétendant que pour lui l'existence vient avant l'essence alors qu'avant lui on pensait à tort que l'essence précède l'existence. Double erreur : essence et existence nous viennent ensemble, inséparablement, et les deux dépendent de notre finitude même. Nous sommes intégralement définis (essence) par nos limites (existence). Nous n'avons pas tous les mêmes limites, mais nous avons tous des limites. Et sans doute les plus limités sont-ils en fin de compte ceux qui voudraient faire croire qu'ils ne le sont pas. Temporellement enfin : le constat est du même ordre. Personne ne saurait jouir d'une existence indéfinie, immortelle ou éternelle. Ni rien, ce qui *a fortiori* est peut-être encore plus étonnant. Les Grecs le savaient depuis longtemps : nous avons une naissance, un développement, un déclin et une terminaison. Mouvement selon la substance, le plus important de tous, disait Aristote. L'homme, qu'il le veuille ou non, s'apparente à l'éphémère. Simple question de délai ou de durée. S'il vit plus longtemps que ce papillon, il perdure beaucoup moins qu'une bactérie. Étrange ! Encore beaucoup moins qu'un sequoia, et encore infiniment moins qu'un stupide caillou, qui pourtant disparaîtra lui aussi un jour. Comment l'homme pourrait-il réclamer davantage que son lot, quand on voit que les planètes, les étoiles et les galaxies ne bénéficient aussi que d'une existence limitée ? On l'a déjà dit souvent, la notion même d'existence éternelle est absurde et auto-contradictoire, et atteste à elle seule de l'inexistence assurée de l'être imaginaire à qui on voudrait l'attribuer. Tout passe, même les astres. Seule subsiste la ronde indéfinie des existences, car tout vient toujours d'autre chose qui l'a précédé, galaxies comprises. La notion de début absolu, création ou big bang, n'a pas plus de sens que celle de vie éternelle.

Cette reconnaissance abstraite des conditions de toute existence est facile à faire. Curieusement elle ne nous coûte guère. Peut-être même, à y bien réfléchir, pourrait-elle nous rassurer un peu. Du moins sur notre sort individuel, qui à cause d'elle ne peut pas se considérer comme une exception. Tout vit, nous compris, donc tout meurt. Et la vie continue, et continuera toujours.

2- le niveau cosmique. Plus concret, le constat universel descend de l'analyse abstraite des notions d'existence en général à la considération obligée des existences dans leurs particularités. Il s'agit de se hisser mentalement au spectacle de ce que nous connaissons aujourd'hui de l'univers dans lequel nous sommes apparus. On quitte la Terre, puis le système solaire, grâce à une sorte de vaisseau mental infiniment plus rapide que nos limaçons de vaisseaux spatiaux (aujourd'hui nos engins spatiaux mettent quelque 12 ans pour y parvenir). Instantanément on saute ensuite hors de notre minuscule coin galactique jusqu'au point de vue imprenable donnant sur notre Voie lactée vue de l'extérieur, puis sur le panorama de la galaxie voisine, et de là nous rebondissons sur les milliards d'autres qui, dit-on, se fuient mutuellement à des vitesses proches de celle de la lumière qui tout soudain nous semble valoir à peu près celle d'un escargot à bout de forces. De là, tout là-haut, ou tout là-bas puisque nos petits mots terrestres n'y ont plus de sens, nous repensons à notre point de départ : notre infinitésimale galaxie perdue dans la foule innombrable des autres, notre lilliputien système solaire au bord de cette Voie lactée qu'on croyait immense, et là-dedans enfouie, notre minusculissime petite planète bleue sur laquelle des tout petits animalcules avaient fini par se prendre pour le sommet central de l'univers ! Micromégas l'avait baptisée Voltaire, qui était resté fort en deçà de la vérité. Question très sérieuse : que pourrait bien importer à celui qui prend une telle conscience de l'univers la vie et la mort de ces milliards de petits microbissimes qui grouillent sur cette planète perdue ? Depuis les siècles des siècles, ils meurent tous les uns après les autres : la belle affaire !

Ce n'est pas une affaire comptable. En toute rigueur les nombres n'interviennent même pas sous cet angle. C'est de disproportion absolue, presque inimaginable et insensée qu'il s'agit. Mieux encore : d'absence totale de proportion simplement possible.

Ça n'a purement et simplement rien à voir. d'un côté l'univers dans es dimensions prodigieuses, très difficilement calculables, sinon franchement incalculables. De l'autre des poussières sur une minuscule planète perdue au fond de l'immensité. Où est l'intérêt d'en prendre seulement conscience ? En quoi importons-nous, si peu que ce soit, là-dedans ? Selon une analogie déjà incommensurablement déphasée, que nous importe à nous le sort des fourmis qui meurent chaque année dans leurs fourmilières, sans parler de celui des bactéries ou des virus qui disparaissent aussi par millions à tout instant ? La dimension astrophysique que nous peinons à imaginer nous rappelle à notre humilité, celle de notre petitesse et de notre inimportance collective. Que nous peinons tout autant à imaginer. Mais notre peine en la circonstance ne prouve rien contre notre insignifiance cosmique. On connaît tous de ces aimables imbéciles qui sont pris de vertige rien qu'à contempler la lune et les planètes de notre petit monde. La question de notre place – surtout de la leur d'ailleurs – là-dedans leur fait tellement peur ! Ou plutôt la réponse à cette question… S'il existe quelque part, ailleurs, très loin, d'autres vivants, aussi intelligents que nous les hommes, voire bien davantage, peut-on imaginer le souci que nos vies et nos morts pourront jamais représenter pour eux ? La réponse à cette interrogation à la mode suffit à nous condamner d'avance. On peut être tout à fait rassuré : le monde s'en remettra toujours, comme si de rien. Très exactement.

3- le niveau collectif. On s'approche doucement de nous, mais la distance reste encore grande. L'humanité dans son ensemble, hommes et femmes, de tous les pays, et de tous les temps, vivants et morts (beaucoup plus nombreux). Le Chinois du bout du monde, ou le Javanais, mais aussi César et son assassin de fils adoptif, Cro-Magnon et son peintre rupestre, Lucie aussi et tous les inventeurs du feu. L'évidence ne nous laisse aucun espoir. Tout le monde y passe, il est vain d'espérer se faufiler entre les mailles du filet. Ici c'est le nombre qui compte, et qui parle : comment pourrais-je m'en sortir, si avant moi, autour de moi des millions de milliards y sont déjà passés ? Sort commun, effroyablement banal. Qui n'invite même pas à la révolte ni à la résistance, mais rien qu'à la résignation : la loi inexorable des grands nombres, l'écrasante majorité, la quasi unanimité. Et encore ! Quand je dis quasi, c'est juste pour attester qu'au moment précis où je pense cette unanimité sans exception, j'en soustrais une, la mienne, du moins provisoirement, au moment où je la formule. Tout simplement parce que pour la penser et la dire, cette exceptionnelle exception, il faut bien que je sois encore en vie. Et donc, comme disait Monsieur de La Palisse, que je ne sois pas encore mort. Simple question de patience. Et comme, dès que je le serai à mon tour, je ne le dirai ni ne le penserai plus, la résignation insinue toujours plus ou moins la dérision. Finalement, et très sincèrement, pourquoi attacher tant d'importance à la vie et aux soucis qu'elle colporte, quand de toute façon elle finit comme elle finit ? Pourquoi la prendre tellement au sérieux quand on sait quel est son terme fatal ?

Une nouvelle fois, mais en un autre sens, on bute sur le mur, toujours le même : tous les hommes sont mortels, donc les Grecs tout autant, et Socrate parmi eux. Et donc encore nous tous, et moi dans le paquet. Personne n'en réchappera, nous allons tous finir au même endroit. Éternel refrain. La belle affaire ! La mort, naturelle ou accidentelle, paisible ou terrible, du Coréen du bout du monde que je ne savais même pas en train de vivre, m'importe bien peu, je dois l'avouer. Pire : celle du Malien qui se noie dans la Méditerranée en quête de cette Europe qui ne veut pas de lui, ne me touche pas très longtemps. Simple statistique, abstraite, mathématique, vide de sens vécu, par moi du moins, qui fonctionne comme un rappel lointain, quoique obsédant : si tout le monde meurt, alors toi aussi. Frère, n'oublie pas…

Étroitesse de l'égocentrisme radical du vivant conscient que nous sommes tous : la mort de l'inconnu (de moi, pas des siens) des antipodes ne me concerne que comme rappel de mon propre destin. Désespérant. Et salvateur aussi. L'inintéressement à l'égard des innombrables décès qui m'environnent à tout instant compte aussi parmi les conditions de ma survie. Faute de cela, ma propre existence deviendrait insupportable. L'inconscience, volontaire ou automatique, de l'universalité de la mort conditionne la survie de la conscience ponctuelle de chacun de nous. Un peu comme le médecin a un besoin impérieux de ne pas (trop) prendre en considération le décès de ses malades…

4- le niveau voisin. Celui des voisins, ceux de ma rue et de mon quartier. On se rapproche, l'étau se resserre. Encore faut-il distinguer deux catégories : celle des voisins qu'on connaît et fréquente, et celle des autres.

Pour commencer par ces derniers, il suffit de répéter les remarques du niveau 3 qui s'y appliquent encore à peu près telles quelles, juste renforcées par un coefficient de proximité spatiale. D'un côté leurs morts ne me concernent pas plus que ça, puisque précisément je ne les connaissais même pas et qu'en ce sens ils ne me manqueront pas vraiment ou pas du tout. De l'autre leur proximité me rappelle plus fortement que tous les frères vivants que nous étions avec eux doivent mourir. Avertissement, encore et toujours ? Et égocentrisme du survivant, peu moral mais bien vital.

Et puis il y a ceux que je côtoyais et que j'appréciais ou éventuellement détestais. Cette fois leur mort frappe tout près. Le décès de celui que je détestais pour une raison ou pour une autre me trouble fatalement par son ambiguïté : sa mort me débarrasse de sa malfaisance, du moins en principe car une fatalité désespérante se complaît à faire durer bien au-delà du supportable ceux qui font le plus de dégâts autour d'eux. Il n'y a guère de doute : la capacité de nuire aux autres entretient très efficacement les nuisibles de toutes sortes qui, contre toute justice, lâchent toujours prise les derniers. Ce qui explique que l'autre face de l'ambivalence annoncée ci-dessus reste presque toujours purement théorique. Disons donc qu'en théorie la disparition des pourris de ce monde me rappelle encore l'universelle caducité des êtres et des choses. Mais c'est de la pure théorie.

En revanche le voisin que j'appréciais va non seulement m'obliger à reprendre conscience de ma propre finitude, mais surtout va me manquer. Pour la première fois, la considération générale et abstraite d'une vérité sans exception émeut l'affectivité. Jusque là, tous les niveaux de considération relevaient de la simple – et rassurante – logique : tous les hommes sont mortels, comme tous les animaux et tous les vivants, et donc moi également, en tant qu'homme, animal et vivant, et même en tant que conscience pensante, précisément en train de penser que tous les hommes sont mortels. La logique ici ne se prend pas les pieds dans le tapis de ses enchaînements, contrairement à ce qui se trame dans le célèbre argument d'Épiménide le menteur. Pas besoin de distinguer langage et métalangage pour s'en sortir. La chose est simple et claire : cette vérité universelle et éternelle ne peut même être énoncée que par un individu – n'importe lequel, tous, moi, etc. – particulier et lui-même mortel. Ce qui, présentement, ne contredit en rien l'éternité de ladite vérité, mais au contraire la confirme.

La logique rassure et rassérène, mais en même temps, appliquée à ceux qu'on ne détestait pas et qu'on ne haïssait point, nous touche et nous afflige. Notre affectivité se vit à l'intérieur d'un cercle infiniment plus étroit que celui de la pensée pure. L'égocentrisme du vivant est ainsi fait. Sur ce point il est vain de le déplorer. Car les choses sont encore pires au dernier niveau.

5- le niveau prochain. C'est-à-dire des proches, amis, famille rapprochée, compagnons, conjoints. L'expérience limite de la vie.

Disproportion radicale entre les niveaux 1 et 2 d'une part, et le niveau 5 d'autre part. D'un côté la mort relève de considérations générales, que tout le monde peut reconnaître et accepter sans peine ni souffrance particulière. La mort est partout, elle est inscrite au cœur même de la vie des vivants, et en ce sens elle paraît tellement universelle qu'elle en est insignifiante. Tout ce qui vit meurt. Quelle importance que les fourmis humaines soient anéanties inévitablement les unes après les autres ? De l'autre, toutes ces considérations s'inversent : ce qui était normal devient scandaleux, ce qui était banal devient insupportable, ce qui était insignifiant devient suprêmement important, ce qui était inoffensif devient ravageur au plus haut point. Égocentrisme démesuré : un micro-événement à l'échelle universelle se transmute en catastrophe absolue à l'échelle personnelle. Égocentrisme inconséquent peut-être aussi : ce qui était général inclut forcément le cas particulier, mais cette fois le cas particulier se dresse dérisoirement contre la vérité générale. Le paisiblement connu et admis est devenu insupportable.

Il est curieux, et sans doute très révélateur, de noter une nouvelle fois que devant ce cas particulier qui nous touche tous chacun à notre tour, les théoriciens des généralités n'ont jamais rien dit, et continuent de se taire. Les philosophes ont parfois remarquablement parlé de la mort en général, éventuellement même de la perspective (universelle) de la mort (personnelle) en particulier, mais jamais de la mort de leurs proches.

Épicure nous a appris à ne pas craindre la mort pour nous-mêmes, mais n'a rien dit de la perte des proches. Ni Montaigne, ni Descartes à propos de sa petite fille, ni Nietzsche à propos de son père, ni aucun autre. Les scientifiques aujourd'hui ne font pas mieux, et n'abordent jamais que la mort en général pour mieux éviter de parler de la mort des leurs. Il y a des expériences extrêmes qui ne supportent plus que le silence. Finalement c'est sans doute plus dur de voir mourir ceux qu'on aime que de mourir soi-même. Encore une fois revient le mot de Saint-Exupéry : le plus dur, c'est pour ceux qui restent. Et c'est aussi la limite du compréhensible, ou plutôt la limite de l'égocentrisme. Selon les apparences extérieures on devrait se sentir épargné : les autres, l'autre meurt, mais moi, je reste là. Pourtant c'est tout le contraire qu'on ressent. Puisque l'autre est parti, ma vie n'a plus de sens, ni de raison, ni de justification, ni encore moins de goût. La mort de l'autre ne se vit pas du tout comme le précédent rappel du leitmotif de ma mortalité, mais comme une privation telle que ma propre vie se trouve déjà annulée en droit, et de ce fait même est devenue invivable en fait. Si l'autre est mort, je devrais l'être aussi. La question habituelle se renverse du tout au tout, ce qui explique son caractère radical et redoutable : "pourquoi nous faut-il mourir ?" est devenu "pourquoi dois-je encore vivre ?" Je crois bien que cette interrogation ne peut plus trouver de réponse généralisable. Chacun, selon ce qu'est et ce que fut sa vie avec l'autre disparu, et peut-être depuis toujours, ne peut plus espérer de réponse qu'au fond de lui-même, sans doute dans la solitude la plus insondable. Celui ou celle qui surmonte cette épreuve-là mérite une admiration éperdue. Et incrédule en même temps. Inimaginable en tout cas. Quant à celui qui s'abandonne au renoncement et qui délaisse une lutte devenue inutile, il faudrait être bien malin pour oser lui lancer la première (et la dernière) pierre…

De toute façon on touche là à l'exception scandaleuse de l'expérience de la mort des autres. Aux quatre points de vue précédemment distingués, la solution, plus ou moins lointaine, était foncièrement la même, universelle et sans exception : la mort est nécessaire puisqu'elle est exactement le revers de la vie. La refuser serait aussi absurde que de vouloir une médaille qui n'aurait pas d'envers ou une feuille de papier sans verso. En ce sens, et ces cas, la mort doit être reconnue par nous comme banale et finalement insignifiante en elle-même. Au contraire la mort de l'autre peut apparaître comme un séisme universel. À la fois impossible, inimaginable, inacceptable, et d'une signification effroyable. Impensable. L'univers entier, vu dans la perspective la plus personnelle, qui bascule. D'un coup, tout devient injustifiable. Au moins, quand on meurt soi-même, si cruel que cela doive sembler *avant*, tant qu'on est dans l'approche de l'issue, tous les problèmes et toutes les questions disparaissent *après*. Forcément, et heureusement à la fin, puisque on n'est plus là pour les poser. Mais quand c'est l'autre qui disparaît, les angoisses et les terreurs de l'imminence de sa disparition non seulement ne s'éteignent pas avec son anéantissement mais au contraire explosent d'un coup en une surmultiplication à l'infini. Inversion radicale des perspectives et des valeurs, expérience limite du non-retour. Sans doute personne ne peut-il en mesurer l'extension sans y être soi-même plongé. On ne peut que deviner, par transposition mentale de ce qu'on observe chez les autres.

Expérience limite de la solitude suprême face à tout le reste de l'univers. Disproportion inouïe, mais réelle. Sartre n'était qu'un gros âne ignorant et prétentieux quand il prétendait que " l'enfer, c'est les autres ". De l'expérience dont on parle, on revient tout autre, ou on ne revient pas du tout. Choix terrible, d'une exigence folle, que jamais personne, je crois, n'a analysé. Soit ce mur m'engloutit avec lui, soit je me transforme. Plongée dans l'altérité totale : rien ne sera plus jamais pareil, aucune événement n'est plus reproductible ni aucune expérience renouvelable, tout est changé, même si extérieurement tout est demeuré identique : l'environnement, les autres, famille, amis, connaissances, etc. Rien ne reviendra plus, et pourtant le souvenir du disparu restera à jamais présent dans la conscience, ou du moins juste en dessous de la fine couche protectrice que cette conscience va se tisser pour elle-même. Obsession bloquée, arrêtée, figée, éternel fantôme de l'absent, omniprésent, à jamais identique. À travers lui, le monde entier éperdument, scandaleusement, inutilement nouveau, tout autre, impossible à reconnaître. Pourquoi les philosophes, existentialistes en tête, n'ont-il jamais rien dit là-dessus ? Seuls les poètes et les artistes peut-être. Lamartine :

Quand tout change pour toi, la nature est la même,
Et le même soleil se lève sur tes jours.

Berlioz aussi :

C'est la mémoire qui nous fait souffrir…

S'il y a un mystère dans la vie des hommes, il est là, et devant lui on ne sait plus quoi dire. Peut-être en est-il de même du choix alors imposé par la vie qui continue : le suicide par amour – celui auquel Camus n'a pas pensé – ou bien la survie par pur

devoir – à laquelle Kant n'a pas pensé non plus –.
Cesser d'être, ou être avec…

Penser sa mort

Essayer de penser sa propre mort, c'est d'abord une banalité parfaite. Et aussitôt après, un double défi à ce qui serait tout simplement possible.

Banalité : tout le monde y pense tout le temps. Implicitement (souvent et heureusement) ou explicitement (beaucoup plus rarement, selon le courage de chacun, donc certains jamais). Toute la vie de chacun d'entre nous est orientée par cette obsession : nous savons, nous les animaux doués de conscience, que nous allons mourir un jour. Et de ce fait nous orientons en permanence notre vie en fonction de cette nécessité. Le mythe de l'origine nous le dit depuis quelques milliers d'années : le châtiment divin infligé à la faute originelle fut d'abord et avant tout de devenir mortel et d'en prendre conscience. Sexe (nudité), travail laborieux (tu travailleras à la sueur de ton front), travail parturiant (tu enfanteras dans la douleur et la torture), ou la condamnation à mourir en le sachant. Dès lors, et dès que l'enfant se décentre assez pour prendre conscience de lui-même et de ses limites, il devient capable de penser sa propre mort, même future et parfaitement indéterminée encore. Et cette trivialité enfantine nous hantera ensuite toute la vie. Elle produit même à l'occasion un plaisir plutôt frelaté : dans les circonstances qui n'engagent pas le pronostic vital, l'être humain est ainsi fait qu'il ne dédaigne pas de vivre régulièrement par la pensée sa propre mort et notamment ses propres funérailles. Imagination forcément tristounette, mais trouble aussi. D'abord parce que de façon à peu près systématique – tant qu'on n'est pas réellement mourant, sinon tout ça change complètement – on se complaît à imaginer la douleur inconsolable de ceux qui ne vont pas manquer, du moins le croit-on alors, de nous pleurer (prudemment on ne fantasme jamais leur indifférence ou leur joie secrète), et qu'en même temps on voit leur tristesse, c'est-à-dire que nous sommes encore là, invisibles mais présents, à assister au spectacle. Le pied !… Voir sans être vu. Rêve puéril, terriblement égocentrique et suspect. Et bien sûr résolument irréaliste, voire sobrement impossible. Et même deux fois impossible.

D'abord de façon générale parce que l'imagination humaine est à ce point limitée qu'elle est toujours parfaitement incapable d'anticiper sur ce qu'elle ne connaît pas encore si peu que ce soit. Reposant sur la mémoire, elle ne peut jamais délirer qu'avec ce qu'on a déjà connu d'une manière ou d'une autre dans le passé. Donc l'avenir, toutes les prévisions prophétiques et scientifiques l'attestent, nous reste à jamais et par principe inimaginable. Mais surtout l'impossibilité présente relève de l'absurdité de la situation : comment un vivant pourrait-il s'imaginer mort, et imaginer en conséquence ses propres obsèques ? Monsieur de La Palisse encore une fois est formel : s'il est vivant, il ne peut être dans son cercueil ; et s'il y est, il n'est plus vivant. Petite vérité que nous oublions trop souvent : prévoir, anticiper et imaginer sont des activités de pure pensée qui se fondent toutes sur des calculs d'avenir tirés d'expériences passées. Toutes les trois équivalent au projet. On jette *mentalement* dans l'*avenir* (que nous ignorerons *réellement* tant que nous le vivrons pas au *présent*) ce qu'on croit avoir retenu maintenant du *passé* vécu. Autrement dit, tous les projets risquent de se révéler caducs, manqués ou au moins déphasés. Personne ne peut vivre présentement (truisme pur) ce qui sera demain. *Contradictio in adjecto.*

Évidence à retenir pour la suite. Il est rigoureusement impossible d'imaginer sa propre mort, mais on ne peut pas non plus la penser. La pensée pure, ou dite telle, ne fait pas mieux que " la folle du logis " et se prend les pieds dans les mêmes tapis.

Comme probablement tout le monde il m'arrive souvent d'essayer d'imaginer ce que sera la vie, des miens en particulier, des autres en général, et même du monde dans sa totalité, une fois que je n'y serai plus. Par exemple, je contemple le monde autour de moi, les arbres, les maisons, le paysage au milieu duquel je me trouve alors, et je me dis que cet environnement existe pour moi parce que je suis là pour le voir et en prendre conscience. Mais qu'adviendra-t-il de lui quand je n'y serai plus ? Par une pure opération de pensée, je supprime alors ma conscience de tout ça, et je m'effraie d'imaginer le même environnement *sans* l'existence de la conscience que j'ai de lui à ce moment précis. J'essaie de le regarder comme si je n'étais plus là pour le regarder. Question inévitable, mais pas vraiment claire : comment est-il possible que ces maisons, ces arbres, ces paysages continuent d'exister sans moi pour les regarder ? Toi, Bruno, quelques minutes avant de mourir, tu m'écrivais encore que tu imaginais tes lieux familiers, notamment ton fauteuil, vidés de ta présence : les mêmes, identiques, inchangés, pareils, mais sans toi. Cette pensée t'accablait : " c'est trop triste ", me confiais-tu. Une heure après, c'est dans ce même fauteuil que tu décédais. Et c'était encore plus triste, puisque tu n'étais plus là. Mais pour les autres, cette fois. Pour toi, tant que tu étais là, comme pour tout le monde, cette pensée restait une anticipation, très probable, mais incertaine. Comment ce paysage que mes yeux de vivant voient maintenant pourra-t-il subsister quand je n'y serai plus pour le contempler ? Que restera-t-il de lui ? Et cela pendant des semaines, des années, des millénaires… Vaine pensée : que deviendra le monde que je vois quand je ne le verrai plus ? Est-ce là l'origine de l'immatérialisme d'un Berkeley ? *Esse est percipi* ? Le monde n'existe-t-il donc que parce que et tant que je le vois ? Que devient-il dès que je ne le vois plus ? Impossiblement je me prends à me le représenter mentalement en tant que vu par moi à un moment où je ne suis plus là pour le voir. Je l'imagine tel que je le vois, mais sans moi pour le voir. Mais c'est moi qui me contredis en élaborant une telle chimère, pas lui : je vois dans ma tête le monde visible et vu par moi, sans moi pour le voir. Pensée incroyablement égocentrée une nouvelle fois et d'autant plus vaine que je devrais l'élargir dans des proportions énormes qui ne m'effraient nullement et prouvent en même temps l'inanité de ma présente angoisse. Spatialement parlant, il existe dans le monde, et dans tout l'univers, une infinité de paysages qui existent fort bien en se passant temporairement ou éternellement de mon regard sur eux. Preuve de l'étroitesse de mon petit point de vue : je n'ai même pas l'idée ni la capacité de les imaginer. Temporellement, deux expériences archi communes confirment les mêmes résultats : d'une part quand je dors, les lieux et les êtres que je regardais étant éveillé continuent d'exister sans se soucier le moins du monde de l'extinction momentanée de ma conscience d'eux. D'autre part et de façon encore bien plus incommensurable, le monde a existé bien avant que j'en prenne conscience. Des milliards d'années sans moi, avant ma naissance et avant même la naissance du premier animal, humain ou pas, capable d'en prendre conscience. Avouons-le enfin : le monde n'a pas grand-chose à faire de la conscience (affreusement limitée dans l'espace et dans le temps) que nous en prenons. Curieusement cette banalité-là ne m'inquiète pas : que le monde passé ait effectivement réussi à exister sans moi, je m'en moque. Mais le renversement de la même banalité dans le futur, proche ou lointain, m'est presque insupportable. Comment donc ce monde que je connais pourtant si partiellement, pourra-t-il subsister sans moi, maintenant que j'en ai pris conscience ? Pourquoi ai-je tant de mal à admettre une telle évidence ?

Autre exemple : pendant des milliards d'années, le monde ne savait rien d'Hector Berlioz qui, de ce fait, ne lui manquait même pas. D'ailleurs aujourd'hui même, des milliards de mondes ignorent toujours tout du grand musicien. Personne n'aurait l'idée saugrenue d'imaginer un habitant d'une autre galaxie ou seulement Sophocle ou Virgile en train de déplorer que Berlioz ne soit pas (encore) là. Et personne, ni aujourd'hui ni hier ni ailleurs, ne saurait souffrir à cette idée. Pendant des lustres et des lustres, l'univers entier dans ses soubresauts cataclysmiques a soubresauté et soubresaute toujours sans se soucier du musicien français. Mais une fois que ce dernier est passé dans l'existence, une fois qu'il a vécu et qu'il est mort après être devenu ce qu'il est devenu, et après avoir laissé derrière lui ses œuvres et sa renommée, voilà que le problème se trouve bouleversé : comment donc le monde pourra-t-il dans les siècles des siècles oublier que Berlioz a été, et ce qu'il a été ? Peut-on même admettre qu'un jour ses œuvres seront englouties dans les catastrophes stellaires que rien ne permettra jamais d'éviter ? Toute la différence est là : d'un côté le passé universel sans nous – accessoirement sans moi – personne ne l'a vécu par définition (ni moi ni

Berlioz ni quiconque) et donc personne ne se soucie d'en avoir manqué et d'y avoir manqué. En revanche de l'autre côté, une fois qu'on a vécu, l'avenir du monde nous paraît incompréhensible parce qu'on ne va plus y être. Le monde avant moi ne pouvait pas me faire défaut, puisque je n'y étais pas. Maintenant que j'y suis, en un sens je peux le vivre par la pensée à travers la connaissance que l'humanité en a conquise. Double satisfaction. Qui se transforme en double frustration quand on transpose ça dans l'avenir : le monde après moi, sans moi, va forcément manquer à jamais de ma présence, puisque j'y ai été et que je n'y serai plus. Mais c'est moi qui pense cela, pas lui, qui n'en a que faire. Et en même temps, moi aujourd'hui, je n'ai aucune prise, même pas par ma pensée, sur ce qu'il sera et deviendra sans moi.

Mêmes réflexions à propos du passé et de l'avenir personnels et non plus universels : je n'ai jamais été troublé à l'idée de n'avoir pas existé à l'époque de mon arrière grand-père. Je ne l'ai pas connu si peu que ce fût, ni son époque. Mais par la mémoire familiale je sais qu'il était charpentier et où il avait bâti sa maison dans les Flandres françaises. Ce qui me suffit bien pour ne m'en faire aucun souci particulier. Tout au contraire en ce qui concerne l'avenir proche, je ne peux m'empêcher de me demander ce que deviendront ceux que j'aime, et de craindre les difficultés qu'ils traverseront sans que je puisse les aider. Et du coup je regrette d'avance d'être condamné à une absence définitive pour eux.

Tout ça jusqu'au jour où tout le monde m'aura oublié, sinon peut-être quitte à m'accorder le sort du charpentier flamand, avant l'effacement complet. Mon inquiétude va aussi aux événements du monde humain, à l'évolution géopolitique dont on voit les prémisses aujourd'hui et qui ne promettent pas que du bon.

À la fin, pourquoi une telle distorsion entre ma parfaite indifférence à mon absence dans le passé et mon angoisse véritable devant ma même absence dans l'avenir ? Réponse qui ne souffre guère de doute : parce qu'entre temps je suis vivant et que donc je sais désormais qu'un jour je ne serai plus. La réponse était dans la question : *je* suis ravi de n'avoir pas vécu au moment de la guerre des Gaules ou pendant la grande peste du XIVe siècle. Mais par l'histoire, maintenant *j'*en sais un petit quelque chose. *Je* suis inquiet à l'idée de ne plus être là dans vingt ans ou dans vingt milliards d'années, et pourtant je n'ai pas la moindre idée de ce qui s'y passera. Bref tout cela est terriblement, et dérisoirement, centré sur *mon* tout petit point de vue strictement personnel d'individu vivant, se souvenant et anticipant maintenant. Comme disait Pascal, l'univers n'en sait rien, et s'en moque éperdument.

Penser la mort, ce n'est pas seulement anticiper (vainement) sur ce que deviendra le monde quand il se sera privé de moi – comme disait Néron : Quel génie le monde va perdre ! – c'est encore anticiper le moment de son propre décès. Toute la différence entre être mort et mourir. Bien sûr l'état de mort (être mort) ne peut pas nous angoisser particulièrement. Ou bien, comme on vient de le dire, nous imaginons le monde sans nous et cette imagination est vaine, ou bien, comme voulait nous en préserver le vieil Épicure, on forge de façon invraisemblable une sorte d'épouvantail terrifiant qui ne concernerait que soi pris isolément, et en même temps ne le concernerait pas le moins du monde. Il est vain d'avoir peur de mourir, disait le philosophe du Jardin, puisque par définition quand nous serons morts, nous ne serons plus. Quoi qu'on fasse de son cadavre, de son tombeau ou de son souvenir, le mort qui n'est plus ne risque plus de s'en émouvoir. Bref quand on dit qu'on craint la mort, c'est-à-dire d'être mort ou de ne plus être, cela ne correspond à rien et ne veut strictement rien dire. On ne peut pas à la fois être mort et ressentir la mort. Or on ne peut craindre que ce qu'on ressent d'une manière ou d'une autre. Raisonnement banal sinon trivial, juste bon à enfoncer une porte grande ouverte. À moins qu'il ne serve – ce qui n'est pas impossible chez Épicure – à écarter sans le dire les illusions délirantes des religions. Car on ne pourrait redouter d'être mort que si l'on imaginait qu'après la mort, on ne sera pas tout à fait mort (ce qui de toute évidence relève d'un plat non-sens) et qu'on aura alors à craindre des jugements (derniers) et des châtiments (purgatoires ou infernaux). Ces enfantillages destinés surtout à faire peur aux vivants pour les tenir sages, s'évanouissent d'eux-mêmes dès qu'on reconnaît qu'ils reposent sur une absurdité : quand on est mort, on n'est pas mort. Inutile d'insister, Épicure a raison.

Du moins il a raison sur ce point précis : craindre d'être mort. Mais il ne dit rien de la peur de mourir. c'est-à-dire de la crainte liée à la perspective de la mort, à un moment où on est encore vivant. Mourir est un processus, non un état. C'est le processus qui fait peur au vivant, pas l'état qui ne relève que de l'indifférence. Pour le dire autrement, quand on parle de la peur de la mort, on entend presque toujours la peur de l'agonie. Et sans doute faut-il encore aussitôt distinguer entre l'agonie anticipée, qu'on qualifierait peut-être d'abstraite, et l'agonie effective, concrète, vécue. La première est une conjecture de vivant encore bien portant, ou du moins pas encore engagé dans le processus qui le mènera à son terme. La seconde est le processus lui-même, sans doute à des degrés (stades ?) divers, une sorte d'irréversible course à l'abîme. Difficile tant qu'on est bien portant, précisément, de savoir ce que ressent celui qui s'enfonce inéluctablement. Craint-il seulement encore quoi que ce soit de ce qui lui arrive, ou de ce qui va lui arriver dans les jours ou les heures qui viennent ? On ne peut qu'imaginer, peut-être à tort, à partir de ce qu'on voit de l'agonie des autres. De l'extérieur : l'épuisement de l'organisme, l'enfoncement de la conscience, qui n'affleure plus que par éclairs de plus en plus isolés (heureusement ?), et quelquefois (souvent ? Toujours ?) une ultime et incroyable lucidité sur l'heure du dernier moment. Comme une prescience ultime. Celle qui peut-être inspirait aux Anciens d'accorder le don de prophétie aux mourants… Je n'oublierai jamais : la veille de sa mort, papa avait exigé de Bertin, son beau-frère avec lequel il s'entendait si bien, qu'il lui dise adieu. Mon oncle voulait à tout prix garder espoir :

— Mais non, je reviens te voir demain…

— Non, avait tranché papa, demain je serai mort.

Mon oncle revint le lendemain comme il l'avait promis. Papa venait juste de mourir.

Mystère. Au moins il aura eu la chance (apparemment) de mourir sans traverser de souffrances physiques atroces, comme il n'est pas rare.

Ce sont d'ailleurs ces dernières, ou du moins leur imagination qui inquiètent dans l'anticipation de l'agonie. Tant qu'on est vivant, en bonne santé, ou même en moins bonne, mais du moins tant que le processus final n'est pas enclenché et reste encore en perspective, c'est sur la souffrance que se concentre la crainte. La souffrance physique d'abord, dont on voit quelquefois mourir les autres au milieu de tortures innommables. Par transposition on se représente le supplice sur lequel les médications extrêmes n'agissent même plus. Ni sans doute les " palliatifs " eux-mêmes, peut-être pas toujours capables d'alléger l'insupportable. Et comme notre hypocrite société continue d'accepter qu'on mette activement fin aux souffrances de nos animaux de compagnie et d'interdire le même salut à nos compagnons rien qu'humains, ces calvaires infernaux et inutiles gardent de quoi terrifier. La souffrance morale aussi, qui n'est pas la moindre, celle du mourant qui comprend ce qui lui arrive, qui est acculé à envisager l'approche de ses tout derniers moments et qui réalise que chaque visite – s'il en a encore – de ses connaissances a toutes chances d'être la dernière. Je me souviens encore de mon oncle Bertin que j'étais allé voir une dernière fois à l'hôpital, et surtout de son regard terrifié quand je l'avais quitté, pourtant entouré des siens :

— Tu reviendras ? m'avait-il imploré ; les yeux hallucinés par la panique, alors que je sortais de sa chambre. Comme un appel au secours. Je savais que je ne reviendrais pas. Lui aussi.

Comme c'est dur de quitter la vie ! Pourtant, quand on vit, combien de fois nous arrive-t-il de la maudire, de la détester, de vouloir en finir ? Mais c'est tant qu'on vit… Dès que la mort frappe à notre porte, comme le pauvre bûcheron nous ne voulons plus la lâcher. Les artistes romantiques et les philosophes existentialistes se fourvoient sur cette question, et nous avec eux : c'est au mourant qu'il faut demander si la vie vaut la peine d'être vécue, pas au bien portant qui a tout le loisir de se poser des questions suspicieuses,et suspectes… Le mourant sait ce qu'il perd, l'autre élucubre. Ce vieux sabotier auvergnat avec qui je m'étais si bien entendu jadis, s'était plaint au prêtre venu le visiter dans sa chambre d'hôpital où il allait mourir peu après :

— C'est au moment où on commence à s'habituer à la vie qu'il faut la quitter.

Il avait quatre-vingt quatre ans, ou quelque chose comme ça, et toute sa vie il avait été malheureux au milieu de ses filles pas toujours tendres avec lui, de sa femme passablement tyrannique et de ses gendres volontiers ignobles.

Tout ceci m'inspire depuis longtemps deux réflexions, aussi profondes qu'imbéciles. La première qui m'a parfois fait penser qu'il est quelquefois si difficile de mourir qu'un pauvre bougre comme moi qui manque tellement de confiance en soi serait foutu de ne pas y arriver… à mourir ! Ce qui doit bien faire rigoler la camarde. Comme la suivante, doit bien faire marrer sa sœur jumelle, la vie : si on prévenait chacun de nous, avant même qu'il ne naisse à la vie, de la façon dont il va mourir un jour, et si on lui demandait alors de choisir d'y aller ou non, que ferait-il ? Question évidemment tout aussi absurde que la crainte précédente, posée de telle manière qu'elle ne peut même pas se poser.

*

Et pourtant, Bruno, si on pouvait encore t'adresser cette incongruité, qu'est-ce que tu répondrais, toi qui as traversé tous les affres d'une agonie à petit feu ? Si c'était à refaire à l'identique, irais-tu ? Ou préférerais-tu renoncer d'avance ?

Je te connais assez pour savoir que tu n'hésiterais pas une seconde : d'un côté la maladie, l'infarctus, les pontages coronariens ratés, les œdèmes pulmonaires, le diabète, la gangrène, l'amputation, la souffrance intense et lancinante, l'angoisse répétée de mourir par étouffement ou par épuisement, le coma artificiel. De l'autre une vie voulue, orientée selon tes choix les plus chers, des décisions difficiles, des rejets héroïques, le goût des affaires mais jamais sans la justice à l'égard de tes subordonnés, une complicité rare avec la femme de ta vie jusqu'au cœur des périls les plus graves, et la joie de vivre, le goût des bonnes choses, le bonheur de la famille.

Sûr ! Tu n'hésiterais une seconde : " Encore une fois ! "

Et au fond, comme pour chacun de nous…

En tout cas pour moi. J'aurai connu quelques personnes que je n'aurai aucune raison de remercier et dont je me serais aisément privé, mais aussi quelques autres à qui je dois énormément.

" Encore une fois... "

...Je voudrais qu'à cet âge
On sortît de la vie ainsi que d'un banquet,
Remerciant son hôte, et qu'on fît son paquet...

Table des matières